ちくま新書

縄文の思考

小林達雄
Kobayashi Tatsuo

713

縄文の思考【目次】

まえがき

縄文。縄文時代、縄文文化、縄文人、縄文土器。そしてやはり縄文。いったい幾度、縄文を口にし、縄文の文字を綴ってきたことか。控え目に見積もっても、ひょっとしたら、数の上では日本一かもしれない。だからと言って、それがそのまま自慢にはならないが、幸いにして大きく体調を崩すことなく、縄文人との対話を続けてきたゆえである。力不足に輪をかけて不器用だから、どうしても同じところで行きつ戻りつし、繰り返しが多くて、なかなか思うように前進ができないせいである。それでも性懲りもなく、新しい地平をめざそうとしているうちに、すっかり縄文にはまってしまったことを認めないわけにはいかない。

それにしても、縄文人とさしで思いの丈をぶつけ合うのは、私にとってよろこびなのである。しかも胸の奥に収めておくこともできず、だれかれとなく伝えたくなるのであった。それが『縄文人の世界』（朝日選書）である。以来十年余が経ち、改めて積もる話をまとめてみたのが本書である。

とりわけ、縄文人の遺跡や遺構や遺物のいちいちを根掘り葉掘り知ることよりも、縄文人の心、いわば哲学思想に接近を試みたのであった。とにかく縄文人の影を追い求めているうちに、気がついてみれば、それは私自身を見つめ直すことであり、さらに人間について考えることでもあった。

こうして、縄文人の哲学思想は、過去に存在した事実というよりも、実は己はもとより、時空を超えて、人間に等しくかかわる現在的意味を問うものである、ということを知るのである。ここに、改めて縄文人との対話が、興味の赴くにまかせた身元調査なのではなく、真正面から向き合って、共に批判しながら進むべき人間学の道につながるものであることを思う。だからこそ、この一巻で終わるのではなく、将来にも続けられねばならないのである。

平成二〇年春三月日

小林達雄

❖1章

日本列島最古の遺跡

日本列島に人類が姿を現わしたのは、一体いつのことか。人類学・考古学の最大の関心事ではあるが、依然としてその詳細を見極めることはできない。

少なくとも、約三万年から一万五〇〇〇年前までの、いわゆる後期旧石器時代に相当する遺跡は北海道から九州まで一万箇所近い多数が発見されている。旧石器人が天から降ってきたり、地から湧いたりするわけはないのであるから、必ずや先遺隊がいたに相違ない。

また、約三万年以前の日本列島各地には、ナウマンゾウやオオツノジカやバイソンなどの大形獣が群をなし、北海道にはマンモスが渡ってきていた。各地発見の化石が当時の状況をよく物語っている通りである。あれだけの図体の動物が入りこんでいるからには、同時代に生きた敏捷な人類はチャンスさえあれば当然容易に渡来できたはずである。この仮説には毫《すこし》の誤りもない。

だからこそ、その足どりを求めて、意欲的な取り組みをはじめた意気盛んな研究者グループが、一九七六年頃登場し、宮城県座散乱木《ざざらぎ》遺跡の発見がもたらされた。石器の出土層位は、従来知られてきた石器群にくらべて一段と古く位置付けられた。この重大なる事実を見逃す手はない。大急ぎで発掘調査が計画され、実施に移された。するとたちまち、その熱意に応えるかのように次々と、期待通りの新資料の出土が報じられはじめた。考古学界はもとより、マスコミ関係者にも、輝かしい前・中期旧石器文化研究の開幕を告げる大発見として宣伝された。

発掘を推進した研究集団の錚々《そうそう》たる顔ぶれの言説は、天下の快挙とばかりに容認されることとなった。やがて、同様な遺跡の発見がその後も年を追って間断なく続いてゆき、発掘調査も着々と進められた。座散乱木遺跡は、国の史跡に指定され、各地の博物館では最新にして最重要な事実として急遽、展示の中に組み込まれていった。教科書にも掲載された。国際会議の舞台でも発表され、世界に発信され、遍《あまね》く周知されるに至ったのである。筆者もまた発見と研究の進捗に大いなる期待を寄せていた一人であった。

この発見当初、出土状態や地質学的な観点から疑問を提起した小田静夫《おだしずお》、C・T・キリー等の研究者も確かにおり、論文も発表された。しかし、新発見歓迎ムードにかき消され、無視された恰好で埋没していった。一方、宮城県グループは発掘の度ごとに古さを次々と更新するという勢いを加速させ、ついに一〇万年単位で五〇万年以上前にまで遡っていった。大陸の北京原人と同時代の仲間がいたこととなったのだ。こうしたムードが高まるなかで、大学における考古学専攻生の大幅な増加をも、もたらしたのであった。一九七二年の高松塚古墳の発見以来のことである。

この情勢を改めて冷静に見つめて、遂に強い否定論が竹岡俊樹《たけおかとしき》や角張淳一《かくばりじゅんいち》によって突きつけられた。しかも捏造の可能性ありと、主張するものでさえあったが、学界全体は微動にとどまり、むしろ主流の勢いはいやが上にも増すばかりであった。

しかし、二〇〇〇年一一月五日早朝、驚天動地の悪夢が訪れた。到底信じ難い捏造行為が、発掘中の宮城県上高森《かみたかもり》遺跡の現場で、毎日新聞社記者のスクープで暴き出されたのである。テレビ画面に映し出された鮮明な画像に全く言葉を失った。思いもよらぬ事実が明らかにされたのだ。一瞬眼の前が暗くなった。そのとき一連の遺跡は全て捏造の産物だと悟るのに、少しの時間もかからなかった。それから二週間ほどのうちに、積極的に研究推進に携わってきていた複数の当事者と電話で話をする機会があり、全てがクロだとする私見を伝えたが、案に相違して賛同を得られなかった。なるほど、二〇年間も虚像をがむしゃらに追い続けてきた体験の積み重ねの威力を改めて思い知らされた。

日本考古学協会をはじめ、埼玉県教育委員会その他の機関や研究団体はそれぞれ特別委員会などを設けて検証を行った。すると地表下深くに包含されていた石器であれば付着するはずのない農耕具の金属痕や、新しいキズあるいは二次的な折れ口とか剥離痕《はくりこん》が認められるものが多数あることが、いとも簡単に明らかになった。つまり、研究の当事者は、脇目も振らずにただがむしゃらに古きへ古きへと遡ることのみを目的としていたが故に、石器に対する初歩的かつ基本的な検討さえもおろそかになっていたのだ。そして何よりも度重なる発掘調査のいずれもが極めてずさんな調査であったという致命的な事実が明らかとなったのである。また、それまで筆者はもとより疑問の声に耳を傾けることなく、積極的に支持してきた者も、その責の一端を負うべきであることを自覚している。

こうして、日本列島における三万年以前とみなされた遺跡のほとんどは学問的根拠を全く失った。しかし、幸いにして少数ながら岩手県金取《かねどり》遺跡、長崎県福井洞穴第一五層など確実とみなされる石器群が知られている。今後の研究によって、次第にその内容が明らかにされてゆくであろう。

1　日本列島旧石器文化第一期

日本列島への先遣隊は、大形獣と同じく、寒冷な氷河期の海面低下に伴って大陸との間に浮上した陸橋、あるいは冬期間の凍結による氷上の道を渡って入りこんできたものと考えられる。つまり、当時はいまだ舟を使用する技術には熟練していなかったのだ。渡来の道は樺太を南下して北海道方面に進出してきた北ルートおよび朝鮮半島経由の南ルートのいずれか、あるいは両方の可能性も考えられる。また中国大陸南方から台湾を経て沖縄本島方面に到達するルートの可能性についても無視できない。その場合、九州まで北上したかどうか、途中で息切れしてしまったことなどもあり得る。

先遺隊の文化についてては、いまだはっきりしたことはわかっていない。福井洞穴第一五層の石器は相当数あるが、金取遺跡は少数である。敢えて、その特色を言うとすれば、まず第一に不定形石器が大勢を占め、定形的な種類がほとんどみられないことである。定形的とはいわゆる三角形、菱形、木葉形など幾何学的形をイメージし得るもの、あるいは左右対称をとるものなどであるが、そうした整った形態がない。素材の自然石に打撃を加えて刃をつけたり、剝片《はくへん》の一部に細かい剝離を加えて刃に仕立てたりしたものである。換言すれば、石器製作において素材に対する加工が必要最小限にとどまっていて、徹底されていないのだ。それ故、素材の自然石あるいは大まかに剝ぎ取られた剝片のかたちや大きさが消し尽くされずに残されることとなる。また素材のかたちや大小は、自然界にあるがまま、あるいは剝離の偶然の調子に左右され、なかなか整った幾何学形とはならない、必然的かつやむを得ざる結果である。もっとも、福井洞穴には、丁寧かつ徹底的に剥離の施された両面加工品が一点あり、注目される。朝鮮半島の旧石器と一脈通ずる可能性がある。

2 日本列島旧石器文化第二期

第二期は約三万年前にはじまり、遺跡は急激に増加し、石器文化の内容も大きく様変わりする。いくつもの定形的な石器が登場するのである。なかでも、ナイフ形石器（図1）の発達は目覚ましい。通常、剥片などの素材に細加工を施した部位が刃とされるのに対して、ナイフ形石器における細加工は、それとは逆に刃潰し効果を意図し、ちょうど小刀や包丁などにみられるような背をつくり出しながら全体の形態を整えるのである。この種類はヨーロッパなどの後期旧石器文化には普通にみられるものの、肝心の日本海を隔てた対岸のアジア、シベリア大陸側には全くみられないのである。

さりとて、当時のヨーロッパ方面との直接的な連絡交流があったわけではない。いろいろな用途をイメージして、石器のかたちを模索するうちに、偶然それぞれの地で自発的に同形の石器が作り出された結果と解釈される。とにかく隣の大陸側とは、この特徴的かつ主要な石器を共有せず、それだけ強い個性、独自性を示していたのである。これには最後の氷河時代が最盛期を過ぎて温和な気候へと進行するにつれて、海面が上昇し、日本列島が大陸から離れて、文字通り四海に孤立してゆく背景もかかわっているものとみられる。舟を操ることに消極的であったせいもあり、彼我との往来がままならなくなったのだ。否応なしに独立独歩を強いられて、その結果が個性的なナイフ形石器を特色とする日本列島独自の文化の成立を促したというわけである。

もっとも、航海という点から見れば、実際は相当な能力をすでに心得ていたらしい。種《たね》子《が》島の横峰《よこみね》C遺跡は規模も大きく、ナイフ形石器を持っている。さらに、朝鮮半島に発達していた剝片尖頭器《はくへんせんとうき》が九州各地から発見されている（図2）。海を渡っての大陸との連絡が細々とながらも確実に保たれていた事情を窺わせる。

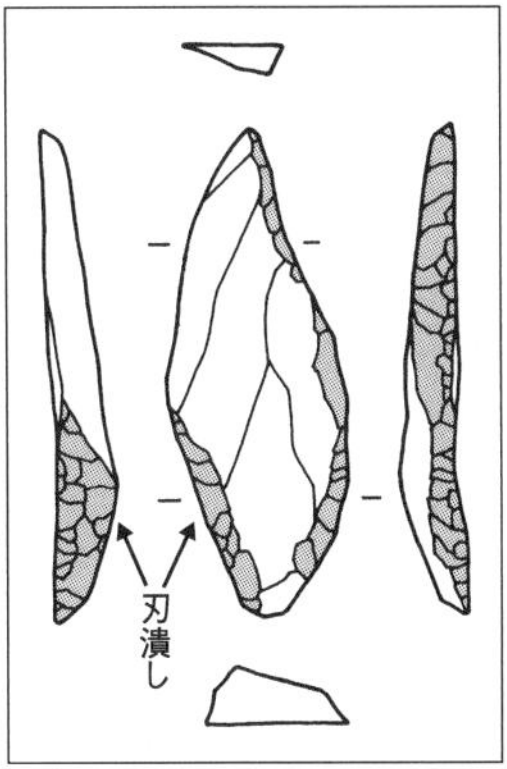

図1　ナイフ形石器
（藪下詩乃作図）

第二期における定形的石器の発達は、とりも直さず、石器の着柄《ちゃくへい》の普及と密接に関係する。柄をつけることで、道具としての使用の実際が効果的となり、道具の歴史上における一大成果と評価される。

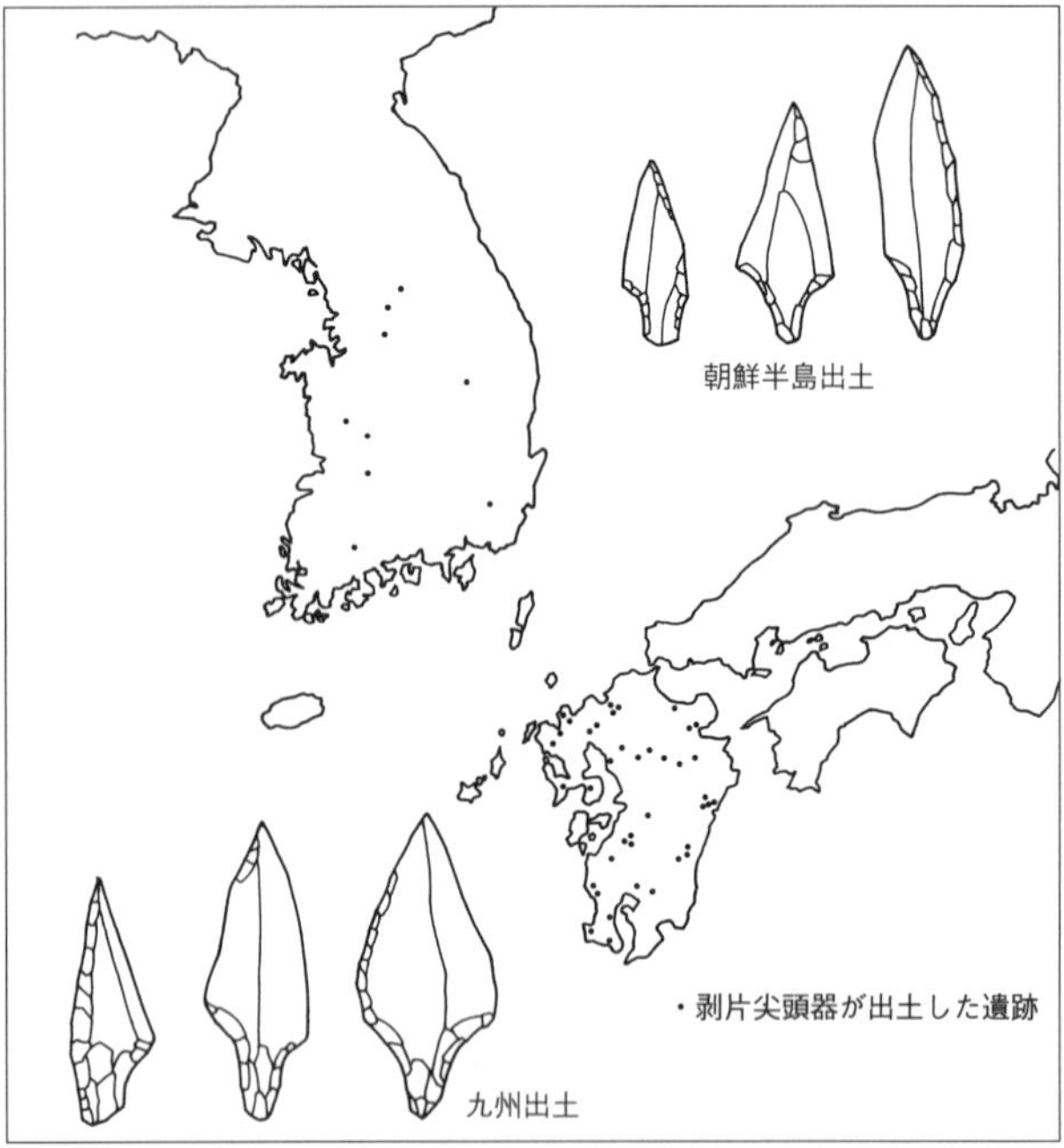

図２　朝鮮半島と九州出土の剥片尖頭器（藪下詩乃作図）

　なお、石器製作に際して、特定の石材を好んで用いるという新しい動きが顕著となった。黒曜石、頁岩《けつがん》、サヌカイト（安山岩）は最も人気が高く、チャートやメノウなどがこれに次ぐ。ときには原産地近くの集団のみで用いられただけでなく、黒曜石の場合などは原産地から二〇〇キロメートル以上もの遠隔地にまで行きわたっている。均質でガラス質であることから、加工がし易いばかりでなく、鋭い刃が確保できるという、実利性に目をつけたのだ。さらに、石器の種類によっても、石材を選択しており、彫器にはしばしば粘性の強い頁岩、ナイフ形石器には黒曜石、エンドスクレイパー（動物の肉を骨から掻きとるなどの石器）にはメノウを採用したりもする。単なる好き嫌いを超えて経験に基づく石材ごとの性質を心得て、使用目的によって石材を選び分けていたのだ。文字通り、一段と進んだあなどり難い知恵を窺わせる。

そうした石材の性質と用途との合理的対応に気がつき、実行に移したことは長い経験をうまく生かすことができた成果である。ところが、それればかりではなく、注目すべき、もう一つの事実がある。つまり石材選びに際しては、物理的性質とは直接関係しない、見た目の心地良さとか好みが働き始めてきた事実である。つまり実利性とは別に象徴的な価値観が問題とされるようになってきたのだ。信州産の黒曜石は、こうしていわゆるブランド物にまつりあげられたりした。次の第三期に、北海道白滝産の黒曜石が樺太やロシア沿海州にまではるばるもたらされている理由にもかかわるのであろう。

なお、神津島《こうづ》の黒曜石が旧石器時代以降、縄文時代全般を通じて頻繁に本州に運び込まれ、広く普及していたと考える研究者が多いが、神津島の現地にはそれぞれの各時期に対応する遺跡がない点に問題を残す。原産地同定の分析データを鵜呑みにして、直ちに紛れもない神津島産と特定できるものではなく、たとえば、伊豆箱根などの山中にあって依然として未発見の原産地データが神津島産に極めて接近しているのではないかと密かに疑っているところである。

3　日本列島旧石器文化第三期

日本列島旧石器時代の最終段階が第三期である。長さがせいぜい二、三センチメートルという超小形石器によって特色づけられる。この細石刃《さいせきじん》は、骨や木の軸に刻みこんだ溝に沿って列状に植え込まれ、刺突《しとつ》用の槍やナイフに仕立てられるものである（図3）。使用中に抜け落ちたりすると、その部分に代わりの細石刃が替え刃として取り付けられる。優れた特色をもつ組み立て道具＝コンポジット・ツールという道具の発達史上からも注目される。つまり第二期までの石器は、部分的な破損は直ちに石器本体の存亡にかかわるものであった。研ぎ直しや、新たに剥離を加え直すことで刃部《じんぶ》再生が試みられたりもするが、本体そのものが短くなったり、痩せ細ってやがては使用に耐えられなくなる。しかし、細石刃の場合は替え刃の部品として用意しておきさえすれば、つけ替え補充を重ねながら、長期にわたって道具本体は維持される。このような画期的な新顔の登場の意味は極めて大きい。文字通り石器の進化を具体的に示すものと言える。

この細石刃文化の伝統は大陸側にも広く分布する。折しも温暖化途中の一時的な冷涼化へのゆりもどしで、ベーリング海が陸化して浮上した広大な陸橋＝ベーリンジヤを渡り越えてアメリカにまで到達したのである。ここに、日本列島旧石器文化は閉鎖的な島国文化から脱却して一躍国際的文化の一翼を荷なうにいたったのだ。とくに北海道の遺跡は大陸側を含めて他の追随を許さない圧倒的な多数を誇り、それだけいかなる地域にも負けをとらぬほどの高い人口密度を擁していたことが判る。人口密度の高さから、まさに旺盛なる文化的活力のあったことを容易に予想させる。その一方では大陸側と同じ文化圏内にあったことで、大陸に展開する国際的動向をいちいち知り得る立場にあったというわけである。こうした背景が、旧石器文化の終末から縄文文化確立への画期的な歴史発展の重要な動因ともなったとみられる。

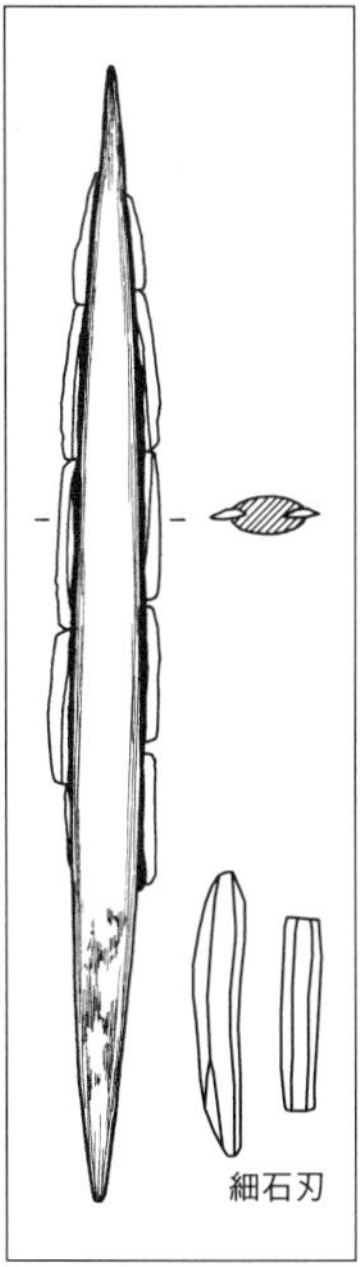

図3　細石刃を植えこんだ組み立て道具

ところで道具としての細石刃製作にかかわる見逃してはならない興味深い事実がある。旧石器時代全般を通じて、石器作

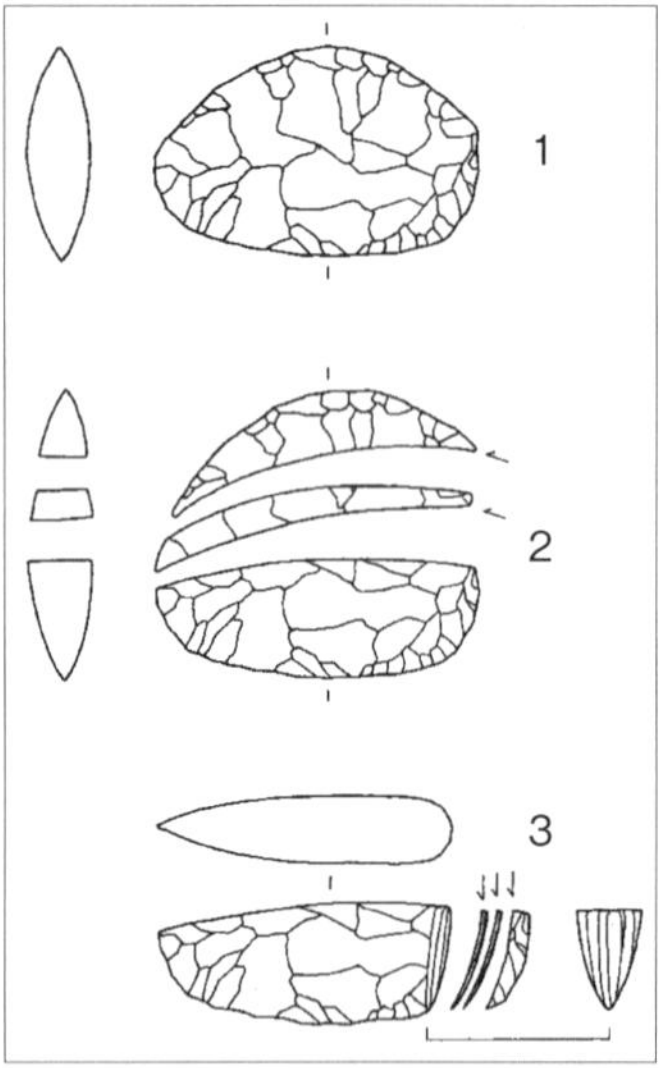

図4　湧別技法（藪下詩乃作図）
1（両面加工）→2（打面作出）→3（細石刃剝取）

りは、予め頭にイメージされた機能に適ったかたちを実現するに当たっては、見つくろった石材に剝離を加えながら一途に、目的的かたちの完成へと進むのである。ところが細石刃の場合は全く異なる。つまり、まず素材に加えられる剝離は細石刃の獲得に直接進行するのではなく、最終的な細石刃のかたちにはほど遠く、しかも桁違いに大きな大形両面加工品を製作するのである。そのみごとな出来栄えの大形両面加工品は、見た目もあざやかな実用石器の風でいて、実は製作途中の一時的な中間形態であって、最終形態の細石刃を連続的に剝離する母体なのである。この母体を長軸沿いに縦割りして打撃面を設け、先端からまるで鰹節を削ってゆくかのように、細石刃を矢継ぎ早に次々と連続して剝ぎ取ってゆくのである(図4)。

第一期にも丁寧なつくりの両面加工品はあったが、それは素材から最終的形態へと剝離加工が施された目的的結果の成果品である。つまり第二期までの定形的石器のいずれもが、剥離の最初から最終形態の実現へと一直線に進むのが原則で、好物のキャッツフードを目指して一目散に走るコマーシャル光景にみる「猫まっしぐら」を地で行くのが石器作りの王道であった。しかし、細石刃製作において、製作工程の途中で最終的な形態とは似ても似つかない大形両面加工品を作って一息つくところが重要である。この作業工程における途中の一区切りは、中間形態を多数用意するという段取りへとつながる。従って、ときには石材採集地で重い原石のかたまりそのままではなく、中間形態の大形加工品までを作って、減量して最終的な細石刃の製作場所まで運びこむことができたのだ。

北海道白滝の黒曜石原産地にある幌加《ほろか》沢《ざわ》遺跡遠間《とおま》地点は、その典型的な中間形態の母体作りの工作所跡である。まさに省力化のお手本をみる。そればかりではない。必要なとき、その都度必要な量だけ新鮮な削り節を自在に作り出すのと同じ要領で、細石刃を植え込んだ組み立て道具に欠損が生じたら直ちに母体の細石核から新しい細石刃を剥離して、脱落した箇所に植え込み直せばよい。予め作りだめして持ち運んでいたのでは、刃こぼれの恐れがある。折れたりもする。まさに細石刃製作の妙がここにある。

そして、何よりも、エサに向かって一直線に突っ走る「猫まっしぐら」方式ではない点が、回り道をして得を取るという人間の心性の革新性にもかかわる意味においても重要なのである。つまり、モノ作りにおいて、昆虫がさなぎから成虫へと変態するがごとくに、最終的形態に先行して、中間形態、しかもみごとに完成されたかにみえる形態を通過するのだ。さなぎからアゲハチョウが想像できないのと同様、長い旧石器時代の中で中間形態の大形両面加工品から最小にして繊細な細石刃が誕生するのには極端なほどの意外性がある。その意外性の演出は、最終的な細石刃獲得に進行するまでのまわりくどい製作工程を予め頭の中で構造的に設計し、手による加工運動に変換してゆくに至る統合的認識を前提とする。つまり石器製作における直接的進行から間接的進行への革新性であり、間接的思考、構造的思考への具体的はじまりの表われの一つとして評価されるのである。こうした旧石器時代における知の蓄積が、来るべき縄文文化の底力となったのである。

❖2章

縄文革命

1 人類文化における第一段階

人類史上における第一段階の文化が旧石器時代とその文化である。

それ故、現代にいたる人類文化六〇〇万年におよぶ歴史の大部分が第一段階に属し、第二段階以降は大ざっぱにみれば、一万五〇〇〇年そこそこということになる。人類文化のはじまりを、真夜中の午前零時に合わせて時計の針を進め、今日現在までを丸一日の二四時に設定すると、中国大陸における五、六〇万年前の北京原人の登場が二二時に相当し、日本列島への人類の渡来はたかだか八分前の二三時五二分となる。そして人類文化第二段階の縄文文化の幕開けは、わずか三分半前の二三時五六分三〇秒に相当することになる。

その間、人類は猿人から原人を経て旧人そして新人へと形質・体格も変化し、知力・言葉・観念的思考など脳も一段と進化してきた。火の使用から道具作り、道具の多様化と組み合わせの変化などにいくつかの画期が認められる。とくに、五万年前以降に始まる死者の埋葬思想の普及やヨーロッパの洞窟壁画の発達は知的大革新（知のビッグバン）と呼ばれている。日本列島の旧石器時代は、まさにその知的大躍進を経験してきた新人の活動舞台であり、先述のように第一期にはじまり、第二期を経て、第三期へと続くのである。

いずれにせよ、旧石器時代とその文化は、旧石器人の活動舞台が日本列島であれ、他の世界のいかなる地域においても、人類文化の第一段階を踏んでいるという基本を同じくする。

人類文化の第一段階の基本とは遊動的生活である。極端な比較を敢えてすれば、ゴリラやチンパンジーなどの類人猿と似た生活様式であったのだ。

ゴリラは毎晩欠かさずに寝るための巣を作る。まさに習い性となり、昨晩の巣が五〇メートルほどの真近にありながらも古巣には見向きもせず、新たにその一夜のための巣作りをするのである。旧石器人にも似たような行動がみられる。新潟県津南《つなん》町居尻《いじり》A遺跡に残された彫刻器と、高低差のある段丘面を異にして約六〇〇メートルの距離をおいて所在する下モ原《しもはら》I遺跡出土の剝片が接合した。つまり、一つの彫刻器を携行して動き回っていた集団は、至近距離の出発地点に戻らず、途中の新しい場所に腰を落ち着けて、使用によって鈍くなった彫刻器の刃部を剝離して新鮮な刃を再生する作業をしているのである。

ある場所でいくばくかの時間を過ごしたり、たとえ、多少とも居心地の良さを確保するために草木をなぎ倒したりしたであろうことは、我々が短時日の発掘現場で、休憩場所を必ず整える経験からしても容易に想像できる。そのくせ、そのために時間と労力を投入した場所を惜しげもなく、あっさり見限ったりする。しかも遠くに離れたわけでもないのに、ゴリラが一夜ごとに巣作りする行動に共通するところを窺わせる。旧石器人は、とにかく特定の場所にこだわらなかったのだ。見方を変えれば、どの場所とも同程度の関係を結び、一箇所に固定しようとする意識は、もとより稀薄だったのである。これが遊動生活の実態であり、滞留場所との関係はまさに行きずりの一回性、偶然性が強かったのだ。なかには大量の石器や石器製作時に生じる石屑などの残された遺跡があるが、連続的に長期間滞在していた結果ではなく、度重なる断続的な回帰を反映するものと解釈されるのである。

2 人類史第二段階としての縄文文化

人類史において、文字の発明・使用以前を先史時代と呼ぶ。その最初が旧石器文化であ

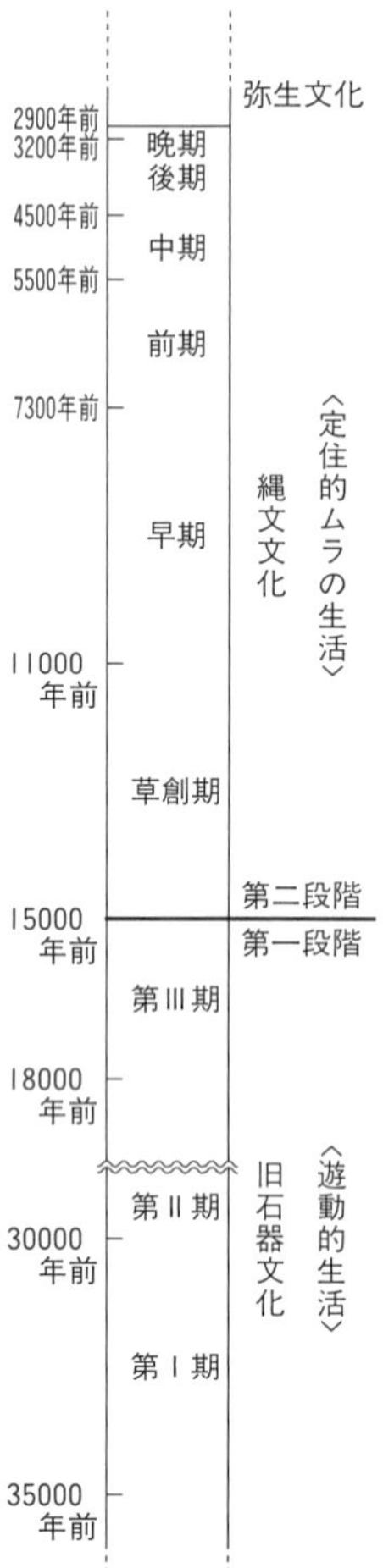

図５　旧石器時代から縄文時代へ

る。これは氷河時代（更新世《こうしんせい》）を限りとして完新世《かんしんせい》の新石器時代文化へと続く。やがて一八世紀の産業革命を迎えて、いわゆる現代に通ずる高度産業化社会に到達する、という大まかな三段階説が有力である。あるいは、梅棹忠夫《うめさおただお》（『狩猟と遊牧の世界』）は、「第一が自然社会という段階、第二が農業社会という段階、第三が産業社会という段階」とする。

各段階の切れ目に、人類史上の大きな革命的な出来事のあるのは当然であるが、第一段階の自然社会と第二段階の農業社会の区分は、いわゆる旧石器時代文化と新石器時代文化に相当する。しかも新石器文化への飛躍は、農業にあるとする。この考えは、ゴードン・チャイルドの農業革命の提唱と同趣旨である。つまり旧石器文化から新石器文化あるいは第一段階から第二段階への契機を、とくに農業の開始に焦点をあてて評価するのである。

この考えに従うとすれば、旧石器文化の次の段階でありながら、本格的な農業とは無縁の縄文文化の位置付けが甚《はなは》だ困難となる。この点を問題とした最初が八幡一郎《やわたいちろう》の「中石器的様相」であり、縄文文化を旧石器と新石器との中間的様相としての中石器文化とみなす解釈を示した。中石器文化は、ヨーロッパにおいて、一八九二年にイギリスのA・ブラウンによって提唱された概念であるが、現在に至るも、その位置付けは依然としてあいまいな部分を抱えている。そのような定義のあやふやな中石器文化をもって縄文文化を決めてかかろうとすることには到底同調できない。

その後も、縄文文化を世界史のなかに位置付けようと、論議がくり返されてきた。佐原《さはら》真《まこと》、鈴木公雄《すずききみお》らにも代表される。結局は「新石器文化に併行あるいは相当する日本列島の文化」という理解に落ち着いてきたところである。しかし、新石器文化が農業を本質的な要素とする点からすれば、縄文文化はその本流からはずれることはたしかに明白である。だからといって、縄文文化研究の泰斗・山内清男《やまのうちすがお》の言といえども、苦し紛れに新石器文化併行とか、相当という理解では、縄文文化の内容や性格をきちんと説明したことにはならないであろう。つまり、縄文文化は縄文文化自体の有する文化の内容の普遍性と特殊性を具体的に検討してこそ、初めて縄文文化の主体性が理解されるはずであり、人類史の中に正当な位置が与えられるはずである。

ところで、旧石器文化が人類史のはじまりの第一段階であるという事実は、毫《すこし》も揺るぎのない事実である。従ってこれまでの考え方に全く問題はなく、変更の必要もない。問題は、これに続く次段階の新石器文化にある。新石器文化が農業革命を前提として、この画期的な出来事だけに注目するが故に、第二段階は農業とだけ関係することとなった。だから明らかに旧石器文化の次の段階であるにもかかわらず、本格的な農業をもたない縄文文化は新石器文化の範疇から除外され、継子《ままこ》扱いされて来たのである。つまり、縄文文化は旧石器文化に続くということで新石器文化に肩を並べながら、農業によって性格づけられる新石器文化とは似て非なる異質の文化として区別されなければならないという、論理的にも矛盾を含む奇妙な袋小路に迷い込んでしまうのである。

改めて、縄文文化が第一段階の旧石器文化に続く第二段階であるという紛れもない本質的な事実をこそ、まず認める必要がある。つまり、縄文文化は、新石器文化と全く同様に人類史上の第二段階なのであり、両者がともに第二段階という点で同格であることを理解すべきなのだ。

縄文文化も大陸側の新石器文化もともに第二段階であるということは、第二段階には本格的な農業をもつ文化と農業をもたない文化の、相異なる二つがあることを物語る。換言すれば、人類史における第二段階には、少なくとも農業の有無の違いによる対照的な二つの文化があるということである。このごく当たり前の事実が等閑視されてきたのは、ひとえに新石器文化すなわち農業という図式にとらわれ、引きずられてきたせいにほかならない。ここにおいて、ようやく日本列島の縄文文化は、中国大陸やヨーロッパ地域の新石器文化とともに第二段階に正しく位置付けられることとなるのである。

3 縄文革命の背景

旧石器時代第三期において、細石刃文化は大陸側と広い文化圏を共有していた。北海道美利河《ぴりか》1遺跡や湯の里4遺跡発見のかんらん石製小玉の石材が道内産ではなく、シベリア方面での原産品と推定される事実は注目される。はるばる彼地から搬入された珍品というわけである。一方、北海道白滝産の黒曜石が樺太や沿海州に知られている。また、二〇〇三年八月、ウラジオストク市近郊のゴルバトカIII遺跡の國學院大學とロシア極東大学との共同調査において、いわゆる花十勝と呼ばれる赤色斑入りの黒曜石一点が発見された。文物往来の証拠は今後とも増えてゆくにちがいない。そして、その文物を運ぶ人の交流があり、さまざまな情報の相互交換があったことがわかる。異文化がもたらす刺激が互いに自らの活性化を促したことは当然である。

また、大陸との北の窓口に当たる北海道における第三期では、遺跡数が多く、高い人口密度から生まれる活力も重要な契機となったとみられる。大陸側でも、第三期前後の遺跡が多数あり、極東全域に並々ならぬ気力が漲《みなぎ》っていた様子がわかる。そうした情況こそが、日本列島における人類文化の第一段階から第二段階への飛躍の気運を呼びこみ、土器という重要な道具を発明することにつながったものとも考えられる。しかし、残念ながら土器の発明地点を絞り込んで特定することは、依然として出来ていない。

とにかく、土器の製作・使用こそが、ユーラシア大陸の東の最果て、日本列島を舞台とする人類文化の第一段階から第二段階への飛躍、縄文革命の引き金となったことは確かだ。

道具箱の中味は一新され、土器と弓矢に代表される技術的革新性、土器が開拓した造形的革新性に裏打ちされ、さらに土器を用いた煮炊き料理がもたらした食料事情の盤石の安定化などの諸要素が整ったのである。こうした条件整備によって第一段階における遊動的生活から定住的生活様式への転換を可能にし、大陸の新石器文化に匹敵する内容を実現したのだ。この定住的ムラの出現こそ新しい縄文的世界の展開を保障したのである。

†道具箱の一新

日本列島の旧石器文化は、一万五〇〇〇年ほど前からあたかも最後の氷河時代と歩調を合わせるかのように、終息に向かいつつあった。第一段階文化がいよいよ幕を閉じることは、とりも直さず全く新しい第二段階の開幕を意味する。縄文革命である。

道具一式にも大きな変化が現われた。あれほどの個性と特色を誇る組立て道具としての細石刃文化が急速に衰退した。両面加工の木葉形《もくようけい》石槍が、とくに北海道、東日本一円に広まり、その流れは九州南端にも達した。ほかに半月形の両面加工品、有舌《ゆうぜつ》尖頭器、矢柄《やがら》研磨器、局部磨製石斧《せきふ》とその特大品、植刃、バラエティーに富んだ石鏃《せきぞく》各種そして土器などが、一斉にというわけではないが、相次いで緊密な伴出関係を結んだり、あるいは単独で出現、そして消滅したりという、あわただしい動きを矢継ぎ早に展開した。いくつかは列島内の文化の中から自生したものもあろうが、大陸側と形態を共有する種類もあり、はるばる原郷土から渡来したものもあったとも思われる。

いうまでもなく石器は自分勝手には動けないのだから、彼地との人物往来そのものを意味するのである。つまり、人の往来の都度、手ぶらではなく、自分達の道具箱の中に常備的必携品を運んできていたのだ。それも当時は一度ならず再三再四繰り返し渡来してきたらしい。このことが当時の日本列島にさまざまな種類の石器が入り混じった状態をもたらしたものと解釈される。持参品のいくつかは、一足先の集団の石器と重複したりする場合があり、古いものを駆逐したり、拝借したりということが起こり、石器の出現のみにとどまらず、さまざまな情報のめまぐるしい出入りにも関係したはずである。

つまり、縄文革命の背景には、日本列島内での自力による動きばかりでなく、大陸側からの相当強力な外来勢力の働きかけがあったものと想定される。

†土器の技術的革新性

とりわけ土器の登場は重要である。土器は粘土製でありながら、加熱することで、水に溶けない容器となった画期的な成果品である。まさにゴードン・チャイルドが、土器は人類が化学的変化を応用した大事件だと評価した通りの歴史的意義がある。この点だけみても、石器や骨角器などの新顔の出現や衰退の動きとは厳然と区別さるべき、高い次元の性質を備えた颯爽とした登場なのである。これぞまさしく人類史上における土器の技術的革新性である。だから、これを並いる各種道具と同列において、土器出現の先後関係やその年代決定のみに執着して、いかに従来よりも古く遡るのか、という皮相な関心を追求するだけでは、いかにも歴史スル、考古学本来の使命の放棄にもつながりかねない。

再言すれば、土器の新しい道具としての性格・特色を吟味し、社会・文化の中にその意義を位置づける必要がある。とりわけ、土器の技術的な革新性が重要であるが、これまで等閑視されがちであった。そして何よりも、土器の使用によって新たにもたらされた社会的・文化的効果にもかかわる問題があり、その歴史上の革新性を吟味する必要がある。

†縄文土器の年代

考古学上の年代は、複数の事物を比較して新古の順序を見極める相対的な年代を基本とする。しかし、一九六〇年代以来実用化された放射性炭素による年代測定法の採用によって絶対年代を知り得るに至った。最近では、同様な原理に基づきながら、より誤差が少なく、微量な試料でも測定可能なAMS法が開発され、積極的な採用が推進されつつある。さらに測定年代について、年代の古さの程度によって誤差に変動のあることが突きとめられ、その誤差を補正して相当な精度に絞りこんだ較正値を計算できるようになっている。

その成果は急速に蓄積されつつある。二〇〇三年五月、国立歴史民俗博物館の研究チームによって発表された弥生時代の開始の測定年代はその一例である。予想を五〇〇年近くも遡り、農耕が少なくとも、紀元前九世紀にはじまったと結論づけられたのだ。そして、一方では縄文土器の登場にかかわる青森県大平山元《おおだいやまもと》遺跡出土の土器に附着していた炭化物の測定年代が約一万六〇〇〇年前という較正値も発表されている。つまり、新技術の開発は縄文土器の最古の一群を、従来の見積りよりも三〇〇〇年ほど古くまで遡らせた。

土器の製作開始は、重大な技術的革新性を意味するのではあるが、世界のあちこちで独立して発明されたわけではない。その多くは発明地からの伝播をうけて普及したものである。しかし発明地は一箇所ではなく、少なくとも三箇所はあったと考えられる。その一は、西アジアであり、土器出現の過程が詳細に捉えられている。九〇〇〇年前頃と大方の研究者は結論づけており、その年代には今後とも大きな変動はないであろう。その二は、アメリカ大陸であり、アマゾン河流域に古い土器の存在が確認されている。しかし、遡ってもせいぜい七五〇〇年程度である。より古い土器の新発見があれば、それがそのまま新大陸において独自に土器の発見された年代更新ということになるが、いまのところ一万年の大台には決して届かないものと予想される。その三が日本列島を含む東アジアであり、一万年をはるかに超える古さに遡り、西アジアにおける土器製作の開始年代を少なくとも四〇〇〇年以上も引き離して断然古い。

つまり、土器発明の地域は、東アジアを最古とし、西アジアがこれに次ぎ、アメリカ大陸が掉尾《とうび》を飾ることとなる。今後の新発見が加えられたとしても、おそらくこの順位の変動はないとみてよい。

とにかく、世界の土器作りレースにおいて、東アジアが先陣を切り、そのなかでも日本列島はほとんど一番手にあったのだ。広大な大陸の極東、しかも海中に浮かぶ島国で、画期的な土器作りあるいは土器の採用を他に先駆けて実現した背景は何であろうか。その一方で、北海道や南太平洋の島嶼のごとく、せっかくの土器作りを中断してしまった地域も少なくないのである。

†造形的革新性

ところで、土器の歴史的意義の評価は、チャイルドの指摘で尽くされるものではない。土器は、焼成とは別に、粘土を材料とした道具の初めての成果品であったことも看過してはならない。それまでの旧石器時代に、粘土を丸めた土塊をはじめ、ヨーロッパの一部では動物や人形《ひとがた》も作られており、その萌芽はみられる。しかし、容器としての機能のイメージをみごとに実現化した土器の革新性は、人類史上において極めて重要である。

さらに、造形的な観点においても、土器には画期的な意義がある。つまり、それまでのヒトの手になる造形のほとんど全てが、石器、骨器、角器、牙器、貝器、木器のいずれにしても、最初に用意した素材を割ったり、剝いだり、折ったり、削ったり、磨いたりという加工作業によって、減形あるいは減量しながら最終的に目的とする形態を作り出すものであった。ところが、それとは対照的に、土器は最初に用意した素材の量に継ぎ足し、継ぎ足ししながら、とどのつまりは増量によって最終的目的の形態を実現するのである。こ

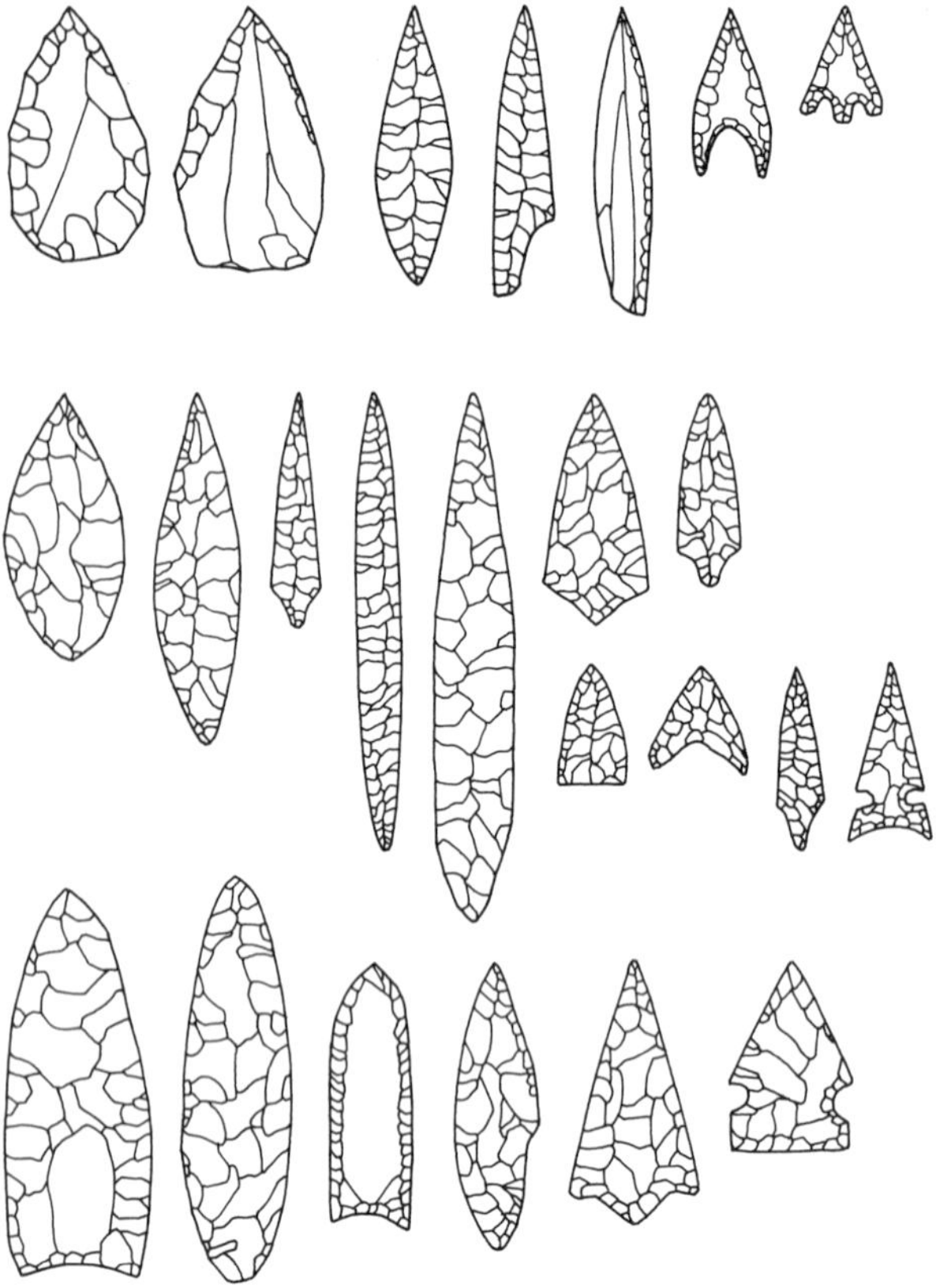

図６　尖頭器や石鏃にみる時空を超えた形態
ヨーロッパ（上）、日本（中）、北アメリカ（下）

ここにこそ、長い造形史上における「引き算型造形」の歴史に楔のように割りこんで気を吐く「足し算型造形」の鮮烈な革新性がある。

かてて加えて、引き算型造形においては、石材をはじめ骨や木などの素材の物理的性質に強く制約され、造形の融通がきかない。一方の粘土造形では、継ぎ足しの工程で、気に入らなければ、あるいは理想とするよりよきかたちの追求のために、いくらでも加除修正を自由自在に行うことができるのだ。イメージにより近づけるための意図に応えてくれる、文字通りの柔軟性がある。だからこそ、土器には古今東西、無限のかたちの実現が保障されてきたのである。石器などにおいて、時代や地域を超えて同形同大の形態がしばしばみられるのは、引き算型造形の素材がもつ物理的制約のせいで自由がきかないから、特定の機能に対応してその素材の上にイメージされたかたちが、どうしても似た形態に収斂しがちとなるのである。好みを許さない待ったなしの形態で妥協せざるを得ないのだ（図6）。

それに対して粘土造形は、人類の造形史上の画期的な新分野の開拓を保障し、現代にもその伝統は継続され、古くて新しい陶芸世界が生きているのである。さらに、土器の器表面に、粘土の盛り上げ、貼りつけ、刺突、箆《へら》描き、彫りこみ、筆による彩文、彩色などの多種多様な文様あるいは装飾デザインを展開させたことは、造形の可能性をさらに広げたのである。

❖3章

ヤキモノ世界の中の縄文土器

1 器《うつわ》としての縄文土器

土器の素材としての粘土の柔軟な特色は、古今東西の土器作りに携わる者全てに分け隔てなく与えられる共通の条件である。だからこそ、世界各地の集団が、それぞれの時代においで個性豊かな土器の形態を実現し得たのである。つまり、地域色や時代色の発達が認められる所以である。

とりわけ、縄文土器の個性は尋常でない。他に類をみないほどに際立っている。だからこそ現代造形に伍してもなお縄文土器は気を吐いて臆するところがない。このことは、縄文土器の実現に当たって縄文人が粘土の塑性《そせい》の特色にすっかり便乗し尽くしたことの表われでもある。

もとより縄文土器もまた、たしかに器《うつわ》、容《い》れ物であって、その例外ではない。モノを出し入れするための口が開いて、入れたモノが抜け落ちないように底が閉じている。この限りにおいて、器としての必要十分な条件を紛れもなく満たしている。換言すれば、器とはすべからく口と底を持ち、口と底を結ぶ器壁があればよい。器壁は底から立ち上がって口まで、いかほどのためらいもなく、素直に結べば用が足りるのである。ヤキモノとしての土器は、口や底の大小および口と底との長さ（器高）で容量が決まる。そして、口と底を結ぶ線の曲がり具合、さらに口を外に反らしながら開くか、内に湾曲させるか、あるいは胴の張り具合の強弱によって、形態のバラエティーを生じる。その容れ物に、何を何のために入れるのかなどによって深鉢や浅鉢や皿あるいは壺などの形態を選択する。さらに伝統や風土とか、美に対する心情などが関係して、ある時代のある地域の集団が製作する土器の形態が定まるのである。

縄文土器の形態もまた、そうした背景の中から生まれたのである。それにしても、前述の如く、ヤキモノの世界の中で縄文土器の形態が孤立的とも評されるべきほどの圧倒的な特色を発揮するのは注目すべきことである。大森貝塚を発見したモースが、そのとき既にこの縄文土器の重要な特色を看破《みやぶ》っているのは、まさに炯眼《けいがん》と言わねばならない。

2 突起

モースは、縄文土器は器形と文様が無限とも言うほどにバラエティーに富み、口縁が突起をもったり、波状にうねったりする自在さに驚きを隠さなかった。山内清男もまた突起をまともに注視し、評価して的をはずさなかった。それにしても、突起こそが縄文土器を縄文土器たらしめている必須の属性であることは、依然として十分理解されているとは言えない。

そもそも、突起が縄文土器の歴史に登場するのは草創期の最古の土器群の中にまで遡り、新潟県室谷《むろや》洞窟の多縄文系《たじょうもんけい》土器には明瞭な波状口縁もある。しかし、突起と波状口縁は順調に継承されたり、発達することはなかった。やがて早期に入ってからも、その初頭の撚《より》糸文系《いともんけい》土器は一切突起を付けなかった。中葉の押型文《おしがたもん》土器および貝殻沈線文系《かいがらちんせんもんけい》土器に現われた突起は、後続の土器様式に継承され、それ以降縄文土器と終生運命をともにして、最も主要な属性の存在へと成長し続けるのであった。

なにはともあれ、容器はもともと突起など必要とはしないのである。蛇が足を必要としないのと同じだ。いや、むしろ蛇の絵に足をつけるとすれば、たちまち嘘になる。つまり、容器の本命が容積にあることが間違いないものとすれば、縄文土器の突起は容積を決定する形態外のものであって、疑いもなく余計な代物である。だから、土器の口縁に突起を敢えて取って付けるようなことは通常はしないのであり、古今東西のヤキモノに絶えて例をみないのは当然の成り行きであることがわかる。その突起を縄文土器は口縁に大きく立ち上がらせて泰然自若としている。ヤキモノの世界で孤立するのもけだし当然であろう。さらに、突起は容器には不要というよりも、かえってあること自体がモノの出し入れに邪魔にさえなっていることは一目瞭然ではないか。にもかかわらず、突起を前面に押し立てて毫《すこし》も迷わず確信犯を装うのである。

図7　沖縄の土器（沖縄県北中城村荻堂貝塚『琉球荻堂貝塚』より）：口縁に4つの突起

ところで、沖縄の土器が断固として突起を付けているのは、彼らが正真正銘の縄文土器の仲間である何よりの証拠である（図7）。けれどもこの点について多くの研究者は無頓着に過ぎる。だから、沖縄を縄文文化の世界から平気で外したりするのだ。

縄文土器は縄文文化の産物である。縄文土器の拡がりは、そのまま縄文文化圏と一致する。この事実を最る初に指摘したのは鳥居龍蔵《とりいりゅうぞう》である。明治三七年沖縄本島にわたって、荻堂《おぎどう》をはじめとする四遺跡を手中に収めた。このとき南西諸島考古学の幕が切って落とされたのである。貝塚から出土する遺物は、どれも学問的に有益であるが、とりわけ土器が重要であることを説く。すなわち、〈凡そ人間の残した遺跡・遺物を見、未知の人種を発見しやうとする場合には、其の残物中最も其の人種のケヤラクターの多く存在する物に就いて見ることが極めて上策……土器の如きはこの理屈に適した材料であると云い得る〉(『有史以前の日本』)。いかにも土器が有する意義を的確に理解していたことが判る。そして、表面の文様とは別に、とくに〈朝顔形切込の一辺の上の小突起(把手《とって》)〉に注意する。同様な把手は、日本内地の土器にあって、台湾になく、沖縄の先住民が内地に通じて、〈広く同一人種の分布して居つたこと〉を示す根拠と考えたのである。

つまり、沖縄の土器につく突起を手がかりとして、沖縄の先史文化(鳥居が言うところの人種)は台湾とは異なり、日本内地と共通すると予察した鳥居の仮説は高く評価されなければならない。

ところで、縄文土器が底から口を結ぶ器壁に文字通り不必要なほどに変化をみせるプロポーションは、もう一つの際立った特徴である。その理由は容易には理解できない。とにかく小さめの底にもかかわらず、大きく立ち上がる胴本体をのせたりするものだから、安

図8　左：火焔土器（新潟県十日町市笹山遺跡　十日町市博物館所蔵）：大仰な4つの突起、国宝　右：曽利式土器（山梨県甲州市安道寺遺跡　山梨県立考古博物館所蔵）

置させるのさえ、困難を覚えるほどであり、目を離したスキに倒れんばかりである。その上、胴で一旦くびれながら、さらに思い直したように大きく口を開いたりする、重心が上方にずり上がるのはこれまた当然の成り行きで、それだけでも不安定極まりない。これではすぐに倒れて、せっかくの内容物が外にこぼれ出てしまいかねないと取り越し苦労させられてしまう。まるで容器としての本分を度外視しているのだ。

　それに輪をかけて、これでもかと言わんばかりの大仰な突起をかぶせる。なかでも中期の勝坂式や曽利《そり》式、火焔《かえん》土器の各様式はもう常軌を逸している。そうでなくても本体の重心が上方にあって不安定なのに、それを解消する思いやりを毫もみせず、堂々と身構えている（図8）。

3 器《うつわ》放れ

縄文土器は、この粘土造形の特色を最も良く発揮させ、ヤキモノとしての土器の造形において、とくに世界に冠たる独自で個性豊かな展開をみせたのだ。改めてこの事実に目をとめたのは岡本太郎であり、「ここに日本がある」と叫ばしめたのであった。それまでは、縄文土器は考古学研究上の恰好な対象にしか過ぎなかったのだったが、ついに造形あるいは美学的・芸術的分野でも高く評価され、気を吐くに至ったのである。

つまり、器の形態全体のプロポーションの異常なまでのバラエティーも、その大仰な突起とともに、ヤキモノとしての容れ物の域を超えているのだ。古今東西のヤキモノは、たまさか過剰ともみえるほどの独特な形態を発達させることがたとえあっても、ヤキモノとしての容器の本分とは不即不離の関係を維持しているのである。

ところがどっこい、縄文土器はそうではない。容器の使命に背を向けて、あまりに独り善《よ》がりだ。言うなれば、容器として作られ、たしかにある程度の働きをしているものの

「容器放れ」した性格を矯正しようとする素振りさえ見せようともしないで平然としている。縄文土器とは、そもそもそういう性格のものなのである。しからば、何故に容器本来の使命に忠実ではなく、「容器放れ」を指向するのであろうか。

「容器放れ」は形態だけの問題ではない。縄文土器の器面に展開する文様とも密接に関係する。その縄文土器の文様はいかにも装飾的であるというのが世間一般の評判である。しかし、装飾的とは、縄文土器文様が醸し出す効果が観る者の眼に映ずる印象なのであり、縄文土器が自ら備えた性格とは別である。実は縄文土器の文様は、縄文人の世界観を表現するものであることについて、かつて論じたことがある。いわば装飾性とは無関係に、世界観の中から紡ぎ出された物語であり、文様を構成する単位モチーフはそれぞれ特定の意味、概念に対応する記号なのである。

一方、しばしば縄文土器と対比される弥生土器は、これまで装飾性は低いと評価されてきたが、その弥生文様こそが装飾を目的とするものであり、物語性の縄文文様と全く対極にあるのだ。弥生土器の文様は器面を飾るのであり、ちょうど我々の身辺にあるヤキモノの器面や壁を飾る壁紙と相同ではなく、相似の関係である。つまり、ともに文様の装飾的効果において外見上同様に見えるが、弥生の装飾性と縄文の物語性という二つは互いに動機を全く異にする。このことが、弥生土器や壁紙の文様が土器面や壁面から容易に剝がして分離できるのに対して、縄文土器においては文様としての独立性はなく、それが故にしばしば土器本体から分離することはできないのである。縄文土器の文様は、本体からの分離独立が適わず、文様を剝取しようとすれば、たちまち本体自体が毀《こわ》れてしまうのだ。換言すれば、底から口を結ぶプロポーションそして突起は、ともに文様とは独立して存在するのではなく、一体化した存在なのである。

この意味において、縄文文様は縄文土器本体とスクラムを組んで「容器放れ」を敢行しているのだ。容器放れというのは、容器としては非能率的であり、不便極まりない。出し入れ口にどっかと突起が居座ったりすれば、障害になるのは一目瞭然なのに取り除くこともせずに、好んで容認している。それが「容器放れ」を招いているのは承知の上だから確信犯というわけだ。例えてみれば、劇場ホールなど大勢の人が集まる建物の非常口に障害物を据え付けるようなものである。たちどころに消防署の検査にひっかかるに違いない。公共的な集会用の建物としては不合格に決まっている。だから縄文土器が「容器放れ」を続けて改善しないのは、容器としての資格に欠陥を招くこととなる理屈だ。

ここに至って、容器としては不合格品に認定される程度の土器を作り続けて改めようとしない縄文人の責任が問われることになるのは当然である。現代の通常の思考からすれば、たしかに日常的なさまざまな場面で使用しているのに、敢えて使用するのに不便で、非能率的な形態の実現を旨とするのはまことにおかしなことではないか。そこが縄文人特有の哲学なのであり、我々とは一致しないところというわけである。端的に言えば、容器に使い勝手の良さを求めるのではなく、使い勝手を犠牲にしてまで容器にどうしても付託せねばならぬナニカがあったのだ。そのナニカが突起を呼びこんだり、ときには不安定極まりない形態をとらせたり、物語性の縄文土器文様となるのである。これこそが縄文人による縄文デザインの真骨頂なのだ。

かくして縄文デザインは、具体的な道具なのに使い易さに背馳《はいち》する。容器デザインの普遍性、現代風に言えば機能デザインと対極にあることが判る。容器であれば、容器の機能を全うするに適った形態をとらねばならぬはずなのに、そうではなかった。機能デザインの精神に則って弥生土器を生み出した弥生デザインと対極に位置づけられる理由である。縄文デザインは、世界観を表現することを第一義とするのである。言うなれば、現代人が心情を吐露する詩あるいは画家がキャンバスに描く絵に相当するものとも例えることができる。だから、縄文土器は容器であって、かつ縄文人の詩情が表現されているものなのである。

こうして、縄文土器は古今東西のヤキモノ世界で、比類のない個性を誇り、断固とした主体性を確立した理由は、縄文デザインを体していたからであることがわかる。

❖4章

煮炊き用土器の効果

縄文土器は、飾って、眺めるために作られたのでは勿論ない。土器の内外面には、しばしば、食物の残り滓《かす》が焦げついて薄膜状に付着したり、煤《すす》の付着あるいは火熱による二次的な変色が底部にみられたりする。容器の形態をしてはいるが、単なるモノを一時的あるいは長期にわたって貯えたりしたものではなく、ほとんど全てが食物の煮炊き用に供されたことを物語っている。それ故、こうした事実を十分踏まえて縄文土器の製作、使用の実際と、それによってもたらされた歴史的意義について、考える必要がある。

縄文土器の作り初めの草創期前半では、土器の製作量はそれほど多くはなかった。もっとも、詳しい理由は知り得ないが、南九州だけは例外的に土器の量、器形の種類の変化にも富んでいて注目される。それにしても、次の早期になると、たちまち製作量は増加し、遺跡には夥《おびただ》しい数が残されるようになった。実際、農耕社会の弥生時代における弥生土器の量に肩を並べるほどであり、本格的な農耕をもたない社会としては世界のいかなる地域の土器保有例と較べても断然際立っている。それだけ土器の使用が盛んだったのだ。このことは、縄文人の食事は煮炊き料理が主流であった事実を良く物語っている。

それにしても、画期的な煮炊き用の道具としての土器製作も、その当初はごく少数にとどまっていた。この間の事情を丁寧に調べ上げた谷口康浩《たにぐちやすひろ》の研究がある。最古の土器群は一遺跡にせいぜい数個体程度の場合も決して少なくなかったことを明らかにした。それだけ使用の頻度も低かったわけで、調理など日常的に使用されていたとは到底考えにくい状況であったと判断される。つまり、実際の使用は限定的、あるいは一年中の使用というわけではなく、季節が限られたりしていた可能性が窺われる。たしかに土器の普及はしばらくの間もたついてはいたが、本州、九州では着実に進んだ。やがて一気に数を増やすのは、先述のごとく草創期が終わり、早期に入ってからのことであり、約三〇〇〇年以上かかっている。

ところで、北海道の様子は異なっていた。草創期から早期の初頭になっても、土器の製作、使用はなかなか定着せず、いわば無土器文化の状態が長く続いたのである。もちろん無人であったというのではなく、江別《えべつ》市大麻《おおあさ》3遺跡には草創期の土器破片一点が知られている。そして最近、帯広市大正《たいしょう》3遺跡で、約六個体分ほどのまとまった土器片が発見された。本州の土器作りを十分経験した集団が何らかのかたちで関係した特別のケースと考えられる。今後とも草創期の土器の発見は期待できるが、北海道の集団の大半は、旧石器時代以来の土器抜きの生活を何千年も続けていたのである。

食物は、生で食べる、焼いて食べる、そして煮て食べるの三種の調理法に区別される。これらは食物の摂取方法だけでなく、社会学的、呪術的意味の上で、重要な特色と意義がある。レヴィ＝ストロース（「料理の三角形」）はこの問題について論じている。

土器との関係で問題となるのは、煮炊き料理であり、その意義の検討が必要とされる。そもそも自然界にある食料には、火を通さずに口にすることのできるものは限られている。獣類、魚貝類の大部分は生で食され美味でもあることはよく知られている。しかし、植物性の多くは、生食には適さず火熱を通して初めて食物となるものが多い。火で柔かくなるから口にし易くなる、喉ごしが良いと説いたのは佐原真《さはらまこと》である。筆者は賛同者の一人として紹介されたが、若干の誤解がある。かねてより主張してきたのは、生のままだと人間の消化器官が受けつけない種類でも、火を通すと、嘔吐も下痢も心配なくなるのであり、モノによっては、口に馴染む美味に変わる。つまり、火熱によって植物の成分は化学的変化をおこし消化可能な物質になるのだ。決して硬軟の問題ではないのであり、この点が決定的に重要なのである。例えば、満腹するほどの生米を食べるとすれば、不味いというばかりでは済まず、たちまち下痢症状を招き、脱水症を招きかねない。消化器が受け付けようとしないのだ。しかし、加熱すると、一転してβデンプンがαデンプンに変化し、容易に消化され、美味に変わるのである。

人間の消化器官が生理学的に受け入れない代物を火熱によって化学変化を誘発して消化可能にする作用は、さらに重要な分野に好影響をもたらした。つまり、渋みやアク抜きあるいは解毒作用にも絶大なる効果をもたらした。ドングリ類がやがて縄文人の主食の一つに格付けされ、食料事情が安定するのは、まさに土器による加熱処理のお蔭である。さらにキノコの多くには毒があるが、テングダケ、ツキヨダケなどの猛毒の一部を除けば、煮て、その湯をこぼせば全く安全とは言えないまでも、生命を脅かすほどのものではなくなる。

熱を加えさえすれば良いのであれば、焼いてもほとんど同じ効果が期待できるはずである。しかし、動物や魚貝類は別として、植物食のうち、とりわけ葉ものや茎ものは、火加減が難しく、うっかりすると炭になったり、燃料に同化して食べる前に燃え尽きてしまう懼《おそ》れがある。せっかくの食物が台なしである。ところが具を土器の中に入れて煮炊きすれば、沸騰した湯の中でたとえ形状は変化しても、溶けたり、消えて元も子もなくなるということはない。栄養分も汁の中にがっちり確保される。煮炊き料理の効用がここにあり、眼をつけた縄文人のしたたかさをみる。しかも、貝を煮れば、固く閉ざした殻を開かせるのにも容易となるなど、土器による煮炊きが食事の主座を占めるに至った理由がこれで十分合点がゆくのである。

ところで、煮炊き料理によって、植物食のリストが大幅に増加したのは確かに重要である。動物性蛋白質の摂取に偏っていた食生活のバランスは栄養学的にも向上した。その上、植物性食料は、動物と異なって逃げ足があるわけでもないので、旬の時期を見計らい、場所さえ突きとめれば容易に採集が出来る。窮鼠猫《きゅうそ》を嚙むのたとえにあるごとく、追いつめられた動物の反撃に油断は禁物、大怪我の危険性さえもある。こうした事情はイノシシ狩りなどで深傷《ふかで》を負ったとみられるビッコを引いていたイヌの埋葬例などにも表われている。その点植物採集は安全だ。とにかくこれまでは遺跡出土の食用植物の遺存体は六〇種ほどであり、未発見ながらきっと食していたに違いないウド、タラノメ、ワラビなどの多数を加えれるとすれば、五倍以上の三〇〇種をはるかに超える数になると思われる。因みに山芋のムカゴが発見されたのはつい最近のことである。

こうした植物食の拡大充実は、縄文人の食生活の安定に大いに寄与するところとなった。北海道はサケやアザラシ、トドなどの海獣に恵まれた土地柄もあって動物性蛋白質の摂取量は約七割にも達するが、関東地方で貝塚を残した集団でさえ動・植物は五分五分である。

中部山岳地帯にあっては長野県北村《きたむら》遺跡例のように、植物食が六割を超えている。このように、人骨に残された窒素や炭素同位体の比率の分析によって生前の食料事情が手に取るように判るのである。改めて狩人一辺倒としての縄文人のイメージを拭い去る必要がある。ただし、肉類の摂取を低くみてはならないし、狩人としての活動は縄文社会の中では極めて重要な位置を占めていたのだ。狩猟漁労用の弓矢の石鏃《せきぞく》や釣針、銛《もり》の発達が当時の事情をよく物語っている。さらに陥穴《おとしあな》をムラの周辺はじめあちこちに設けており、川底には棒杭を立てた魞《えり》もみつかっている。

それにしても、植物食の開発と利用の促進によって食料事情は旧石器時代の第一段階当時とは較べものにならないほどに安定した。まさに第二段階の縄文社会が、大陸における農業を基盤とする新石器社会の連中にも負けをとることなく、堂々と肩を並べるほどの、文化の充実を保障した有力な要因は、煮炊き料理の普及にあったのである。土器の絶大なる歴史的意義は高く評価されねばならない。

❖5章 定住生活

1 遊動から定住へ

定住生活は、それまでの長い遊動的な生活の果てに、あるいは遊動的生活の体験の実績の蓄積から結果として転がりこんできた新しい生活様式というのではない。むしろ、定住生活に踏み切る断固たる決意が実現を促したのだ。西田正規《にしだまさき》(『定住革命』)は、人類文化の第一段階の延長線上の成り行きというよりは、むしろ人間の決断の意志をこそ前提とするものであったことを強調する。

しからば、遊動生活のどこが不満で、どの点の改善を図ろうとしたのであろうか。しかし、遊動生活に身をおきながら、まだ見ぬ定住生活の具体的な内容を予めイメージするのは実際問題としてはほとんど不可能に近いものであったと言わざるを得ない。おそらくは日常的な遊動生活におけるさまざまな制約について、それを打破出来ないもどかしさの解消を意識したことに始まったとみる。

そして、次第に遊動的生活に見切りをつけ脱却しようという意志を固めていったのではないかと思われる。

かくして、一箇所に長逗留する回数を増やすうちに、定住的生活の有利さを身をもって知ることとなったのであろう。旧石器文化第三期において地表から陥穴を掘り込んだり、石囲《いしがこい》の炉を設けたりし始めたのは、定住生活への着実な準備工作として評価される。

こうして、ついに定住生活へと踏み出すに至ったのだ。それにつれて、旧習から抜け出て、新たないくつかの事柄を実現することが出来たのである。そのいずれが早いか、先後を推測することは難しい。おそらく、世界各地の集団ごとに、事情も異なるものであったと考えられる。

2　ムラの生活

この定住的生活への第一歩こそ、人類文化の第一段階から第二段階へと飛躍する、人類史における最初の歴史的大事件である。一箇所に定住することで、身体を動かすことが大幅に減った。つまり、朝目覚めるや直ちに、自分の肉体を維持するためのカロリーを摂取する食物探しにとりかかり、そのことだけにほとんど一日中費やしていた時間にとって代わって、精神を働かす方に時間を振り向けられることになったのだ。縄文人の知性がいよいよ活発な動きを開始する契機となったのである。

目的地を目指して歩きながら、考えごとをめぐらすのは、なかなか出来そうで出来ない相談である。あるいは激しく動き回るだけでなく、腰を下ろして、食物を食べるときでさえ、考えごとを始めると箸が止まってしまう経験に思い当たるふしがある。じっくり落ち着いて考えることが出来るのには、身体を動かさないで過ごす時間が必要とされたのであり、定住生活によってその状況が整い、縄文文化の形成を約束してくれたのだ。

定住生活はまた、遊動生活における一日刻みの単位から少なくとも数カ月あるいは数年単位以上の長期にわたる滞留を意味するのである。それだけ一つの場所空間を占拠し続け、さらに快適さを確保するために邪魔物（自然的要素）を排除し、自分に好都合な空間へと整備を進めてゆくこととなった。やがて、縄文人は縄文人用のためだけに、縄文人の独自の空間＝ムラを作り出すに至ったのだ。換言すれば、それまで身を寄せていた自然の一画を勝手に切り取り、明らかに自然に対抗する構えをみせて臆するところがなかった。

自然の中に新たに築いたこの人工的空間としてのムラは、自然的秩序からの分離独立の具体的な宣言であり、縄文人の人間としての主体性確立の象徴である。ムラの中には、まず第一に寝起きするための、にわか作りではない十分に耐久性のある住居が建てられ、日常的に排出するゴミの棄て場、食物を保存する穴蔵、死者を埋葬する共同墓地などが次々と設けられていった。いわばムラに住み続けるにつれて、さまざまな施設がその種類と数を増やし、元の自然界の様子は見る影を失い、それだけ人工色を強めてゆくのである。こうして占領した空間は、名実ともに縄文人好みに変形加工され、様相を一変させ、ムラの周囲に広がる自然との差違をくっきりと浮かび上がらせて止むところがなかった。

人口色は、住居をはじめとする縄文人の創り出した諸施設ばかりではない。ムラの中には、自然林の中の植物の種類とは別のオオバコやスベリヒユやイヌノフグリなどの陽当りを好む開地性の雑草がはびこってゆく。クリの木は実をつけるから焚木にしないで伸びるにまかせているうちに、ムラの周りあるいは一画はまるで果樹林のような光景を現出する。視覚が捉えるムラは、ムラを取り巻く自然の世界とは別物へと変身を続けるのだ。

目に映る光景ばかりでなく、ムラのあちこちを歩き回るイヌの姿と鳴き声、子供のかまびすしい遊びの音、お互いに交わす挨拶、広場から流れてくる話し声、それらがない交ぜになってムラ特有の音の世界を演出する。それはムラの外の自然的秩序が有するサウンドスケープとは全く異質の聴覚が捉える世界だ。

視覚や聴覚だけではない。嗅覚を刺激するもう一つのムラもある。自然の中を歩き回って鼻にする匂いとは別の、ムラ成立以前には絶えてなかったヒトが作り出すえも言われぬ人間生活の匂いである。草イキレではない、人イキレが漂い、それがなつかしさを誘う。外から戻ってくると目に飛び込んでくる光景に、いつの間にか村の中の空気に染みついたなつかしい匂いが、確かに帰って来たぞと安堵させてくれるのだ。ヨーロッパやアジア各地の空港に着いて降り立ったとき、それぞれの建築物やたたずまいの異国情緒よりも、ときにはむしろ最初に鼻に忍び寄ってくる特有の匂いに、改めて外国に来たんだという感懐を意識する経験が思い出される。

縄文人は確保した空間を橋頭堡《きょうとうほ》として、自然と対峙しながら、自然の中に存在し、自然の秩序に従う生物の全てに対して、俺達はもはや動物ではない、ましていわんや植物では勿論ない、人間なんだと自覚するきっかけを獲得したのである。自我意識に先立つ、人間意識の萌芽である。自然と一線を引いた縄文人の人間宣言である。近代以降の自我意識が、己自身と他者との人間関係にかかわる主体性の主張であるのに対し、人間意識は自らを自然と対極におくことで、人間と自然の差違を際立たせるのである。自然的秩序との同調を断固として拒否する人間独立宣言であった。

縄文人の人間宣言とは、生命体を維持するための食料獲得の身体的運動とは別に、象徴的世界を頭の中に創造することを意味するのである。この象徴性こそが人間の脳だけに許された特有の能力であって、手や足の身体運動においては人並み以上に優れた能力を発揮する動物のいかなる種といえども、到底太刀打ち出来ない領域に属するのである。

象徴性にかかわる想像の主体は、ことばである。ことばによってイメージがふつふつと湧き出し、さまざまな幻想、夢、興味など目には見えない心の動きを促し、限りなく拡大させた。

3 モノ持ちになった縄文人

ムラの生活によってモノ持ちになったことが重要である。必要と意識されたモノを持つことが出来る条件が整ったのだ。それまでの遊動的生活では、運搬できる荷物の量や大きさに限りがある。手許にありさえすれば、便利この上ないのに、その全てを携えて移動することは到底適わないので、あきらめざるを得なかった。しかし、定住生活は、この懸案を一挙に解決してくれた。必要なものを全て持ち運ばなくても、ムラに置いておき、必要な都度、適宜取り出して使用できるようになったのである。そうして生活はガラリと一変し、飛躍的に向上した。その筆頭は、土器の製作使用である。土器を使用する新生活のはじまりである。

土器は、製作までには気が遠くなるほどの時日を要する。どんな土でも良いというのではないから、適当な粘土のありかを探り当て、掘り出してムラまで運搬せねばならない。だから、一旦土器製作にかかったら、作業の途中で他処に離れるわけにはいかないのであり、形を作りあげてからでも、火入れまでに十分乾燥させる期間が必要とされる。

素焼きの縄文土器は、脆弱であり、ちょっとした衝撃でもすぐに毀れかねない。畢竟《ひっきょう》扱いは丁寧慎重とならざるを得ない。その上、かさもあるから持ち運びに厄介である。

しかも、縄文人は文字通り縄文土器に心から慣れ親しんでいて、常日頃使用していた量も並み大抵ではないのだ。いろいろそれなりの理由があってのことであろうが、とにかく土器一つで済ましていたのではない。いずれも煮炊き用なのであるから、使い分けしていたらしい。それが縄文人流儀なのである。この縄文土器事情からも、もとより出不精というのではなく、ムラに定住する方針がすっかり身についていたことをよく物語っている。

旧石器時代においても、長逗留することのあったことは明らかな事実である。一方、定住主義の縄文人にあっても、一年中を通して一箇所のムラに住み続けたのか、それとも季節によって他の場所に拠点を移すようなことがあったのか、そのあたりの事情は依然としてはっきりとはしない。地域や時期によっても、選択の余地があった可能性が高い。

しかし、先に見たごとく、縄文人が定住的なムラ生活を旨とする方針に揺るぎのないことを正しく理解せねばならない。半定住、というような中途半端な意志ではないのだ。たとえ、定住的なムラが季節によっては全員移住して無人状態になったことがあったとしても——おそらくあったとも思われるが——定住的ムラ生活の大方針からはずれるものではない。そうした一時的な離村は定住的ムラ生活の維持、経営の選択の融通性とみるべきなのである。旧石器時代の遊動的生活とは意志・思想がまるで違うのである。

4 自然的秩序からの離脱

定住生活の根拠地はムラである。ムラは人間によって縄張りされた空間であり、それまでの自然界には絶えて見られなかった全く新しい空間の出現である。自然界は、あまねく自然の秩序が行き渡り、動物植物はもとより、人間も例外なく、秩序を乱すこともなく、正しく組みこまれてきたのである。昼間に食物をとるのも夜間に寝るのも、全ての行動は、自然の秩序に従っており、逆らうことはなかった。移動の道すがら、その先々においても、シカやイノシシやサル同様に、自然の一要素として、存在を許され、生かされてきたのだ。しかし、縄文革命を契機として縄文人がついにムラを営む新しい生活様式へと転身を図ったとき、事情は一変した。それまでの自然の一要素たる身分相応の立場を否定して、自然の秩序から抜け出て、独立独歩の身勝手な行動を選択したのである。六〇〇万年以上もの長い人類の歴史の末に初めて自然の秩序に抵抗した不遜な所業の第一歩である。このときを境目として自然との新しい未曾有の関係に入ったのだ。ムラ空間の確保は、長い第一段階の歴史を実績とする行きがけの駄賃のような何気ない成り行きに見えるようではあるが、ことは極めて重大である。

ムラとは、新生縄文人が縄文人自らのために、自然の一画を切り取って、占有した、私有化の宣言である。旧石器時代の過去においても、比較的長期間にわたって一箇所に滞在することもあった。しかし、遅かれ早かれその場を明け渡しては、その都度きちんと自然に戻してきたのである。一時的に自然の秩序を乱すことはあっても、占有の意識はさらさらなかったのだ。

だが、ムラ空間ともなると話はまるで違ってくる。もっとも、悠久の時の流れ、あるいは地球規模の自然の秩序からみれば、ムラ空間の占有などはかすり傷にすぎない。夏草や兵《つわもの》どもが夢の跡（芭蕉）、各地にみられる歴史上の廃墟が自然の中に呑みこまれた姿の通りである。いずれ否応なしに自然に帰属する定めは避けて通れないはずである。その限りでは旧石器時代以来の土地との関係の単純な延長線上にのっているかにも見える。けれども、改めてムラ空間を確保するや、ムラを橋頭堡として、自然と対立し、自らことを構える姿勢につながるのである。縄文人は当初より、それほどに明瞭な意識を抱いてはいなかったのかもしれないが、ついにその根底に自然との対立、挑戦の意味合いをはっきりと付随させてゆくこととなった。ムラ空間が自然界に出現した状況とは、自然にとっても人間にとっても、それほど重大な歴史的事件だった。自然の了解を得ることもなく、まるでかねてよりの既得権の当然の行使のように自然の中に地歩を築いたのだ。大仰に言うならば、人間による自然の秩序あるいは摂理への明らかな反抗が始まったのである。

この自然と人間との新しい関係の第一歩は、たちまち次の第二、第三歩を促してとどまることなく前進を続けながら、やがてしばしばさまざまな葛藤を経験しながら間断なく今日まで続いてきている。この間、人間は終始あからさまな利己的かつ一方的な干渉を続けて、挙句のはてに、大気汚染やオゾン層の破壊など、地球規模の深刻かつ危機的局面へと突き進んできたのは見ての通りである。その遠因が、日本列島の場合、縄文人による定住とともにムラ空間の自然界からのもぎとり事件にあったのだ。そして、弥生時代から次第にその傾向を加速してゆくのである。

5 ムラ空間の整備

ムラを生活の根拠地にすると、まず第一に住居作りが始まった。自分達家族の住居の他に仲間の住居もムラの中に立ち並ぶ。どの住居も頑丈で、耐久性のある新建築であり、ムラ空間に独自の光景が現われ出た。たしかに自然界にはなかった新しい要素が縄文人の手によって作り出されたのだ。クマが冬眠する穴も、ハチの巣も、クモが張りめぐらした捕獲用の巣も、トリ達の樹上の巣はもとより、それまでの人間の仮小屋も例外なく、すべてが自然の秩序の中に織りこまれたものである。つまりそれらは全て、遅かれ早かれ短時日のうちに自然の秩序に返還され、自然の秩序の許容範囲に収まるものであった。

しかし、ムラの中に集合した住居は、自然の秩序の下に生み出されたカタチではなく、自然にほとんど相談することもなく、縄文人の側の一方的で勝手な意志によって作り出されたものであった。それまでの自然の秩序にはなかった空間に侵入した異物なのである。自然の中に存在するさまざまなカタチは例外なく自然の秩序の中に存在が許され、場を与えられるものであった。存続の意味がなくなったときには、自然に還り、自然に埋没した。つまり全ての自然界のカタチは、自然の秩序の中に生まれ、消えてゆくのである。しかし、ムラの中の住居ばかりは、人間の意志で作られ、人間の意志によって存続して、そこには自然とのいかなる事前協議もなかったのである。

ムラとは、それほどに自然的秩序の及ばない治外法権の場であったのだ。だから住居が集合して立ち並ぶムラの独自な光景とは、自然的秩序を拒絶した人工的空間の主張へとつながり、自然と対立するのである。

やがてムラの住人は住居をものにするや、日常的生活に必要とする施設をさらに次々と設け始めた。食料保存用の穴蔵や倉庫、ゴミ廃《す》て場、共同作業場、共同墓地、その他マツリをはじめとする公共的行事用の広場等々である。しかも、確保したムラの中に、諸施設はムラ設計に基づいて配置された。自然界の中に自然の秩序とは無関係に、縄文人の都合だけで計画され、創出された空間の出現である。もう一つの未曾有のカタチが自然界の中に割りこんできたのだ。しかも、ただ単なる施設の集合ではなく、縄文人の意志によって決定されたスペースデザインが自然の秩序に背を向ける。これによっても、無意識的にせよ、縄文人は自然との否応なしの対決の立場を強めることになった。また、こうした状況が進行するにつれて、自然との差異を鮮明にした人工的空間のなかにあって、自然から独立した人間意識を自覚する契機をつかむ可能性が生まれ出てきたのである。

6　ハラにおける自然との共存共生

ハラは、単なるムラを取り囲む、漠然とした自然環境のひろがり、あるいはムラに居住する縄文人が目にする単なる景観ではない。定住的なムラ生活の日常的な行動圏、生活圏として自《おの》ずから限定された空間である。世界各地の自然民族の事例によれば、半径約五〜一〇キロメートルの面積という見当である。ムラの定住生活以前の六〇〇万年以上の長きにわたる遊動的生活の広範な行動圏と比べれば、ごく狭く限定され、固定的である。いわばムラを出て、日帰りか、長びいてもせいぜい一、二泊でイエに帰ることができる程度ということになる。

つまり、ハラはムラの周囲の、限定的な狭い空間で、しかも固定的であるが故に、ムラの住人との関係はより強く定着する。

ハラこそは、活動エネルギー源としての食料庫であり、必要とする道具のさまざまな資材庫である。狭く限定されたハラの資源を効果的に使用するために、工夫を凝らし、知恵を働かせながら関係を深めてゆく。こうして多種多様な食料資源の開発を推進する「縄文姿勢」を可能として、食料事情を安定に導いた。幾度ともなく、ハラの中を動き回りながら、石鏃や石斧などの石器作り用の石材を発見したり、弓矢や石斧の柄《え》や木製容器用の、より適当な樹種を選び出したりして、大いに効果を促進した。

縄文人による、ハラが内包する自然資源の開発は、生態学的な調和を崩すことなく、あくまで共存共栄の趣旨に沿うものであった。食物の味わい一つとっても、我々現代人と同様に好き嫌いがあったに相違ないのに、多種多様な利用を旨としたのは、グルメの舌が命ずる少数の種類に集中して枯渇を招く事態を回避する戦略に適うものであった。これは高邁な自然保護的思想に基づく思いやりというのではない。好みの食物を絶滅に追い込むことなく連鎖によって次々と他の種類に波及して、やがて食料だけでなく、ひいては自然を危うくするという事態を避けることにつながる。多種多様な利用によって、巧まずしてこのことが哲学に昇華して、カミの与えてくれた自然の恵みを有り難く頂戴させていただくという「縄文姿勢方針」の思想的根拠になったとみてよい。ハラそのものを食料庫とする縄文人の知恵であり、アメリカ大陸の先住民の語り口にも同様な事情を窺い知ることができる。

同じ人類史第二段階でも、西アジア文明に連なるヨーロッパにおいて、ハラの主体性を認めず、農地拡大の対象と見なす思想とは対立的である。つまりこのことも、一万年以上に及ぶ長期にわたる縄文の歴史に根差す日本的心における自然との共存共生の思想に対して、土地を利用し、ひいては自然を征服するというような思想に根差すヨーロッパ近代以降の合理主義の発達との、際立った対照につながってくるのではなかろうか。

ハラを舞台として、縄文人と自然とが共存共生の絆を強めてゆくのは、自然資源利用の戦略のレベルにとどまるのではない。利用したり、利用されたりという現実的な関係を超えて、思想の次元にまで止揚されたのである。一万五〇〇〇年前に始まり、一万年以上を超える縄文の長い歴史を通じて培われ、現代日本人の自然観を形成する中核となった。

日本人の自然観、自然との関係のしかたは、縄文時代に刷り込まれて以来、文明開化や太平洋戦争後の欧米文化の波及そして今日のグローバリゼーションなどの大革新をかいくぐって、依然として日常生活をはじめ年間民俗行事などに見え隠れしている。

筆者は、北硫黄島の発掘調査に向かう船上で、小笠原の漁師が缶ジュースを開けて口に運ぶその前に、海に気前良くドバッーと注ぎ垂らしたのを目にしたことがある。歳の若さに似合わず、そのしぐさに根強い日本人の心を垣間みる思いがした。無事に舟を浮かべさせていただいている、そのことに感謝を表わしたのだ。相手は単なる物理的存在としての海ではなく、海と一体の海の精霊（海神《わたつみ》）なのである。

森には森の精霊がいる。

『ここへ畑起してもいいかあ。』『いいぞお。』森が一斉にこたへました。みんなは又叫びました。『ここに家建ててもいいかあ。』『ようし。』森は一ぺんにこたへました。みんなはまた声をそろへてたづねました。『ここで火たいてもいいかあ。』『いいぞお。』森は一ぺんにこたへました。みんなはまた叫びました。『すこし木貰ってもいいかあ。』『ようし。』森は一斉にこたへました。（宮澤賢治「狼森と笊森、盗森」）。

森には森の精霊がいる。縄文人がハラと共存共生するというのは、ハラにいるさまざまな動物、虫、草木を利用するという現実的な関係にとどまるのではなく、それらと一体あるいはそこに宿るさまざまな精霊との交感を意味するのである。それはどちらかが主で、どちらかが従というのではなく、相互に認め合う関係である。だから礼を尽くし、ときには許しを乞うのだ。「草木皆もの言う」自然を人格化し、交渉を重ねることで、神ながらの道へと踏み込むのである。

自然の人格化は、「自然を人間と対等にすることではない。自然の人格的存在は、人間以上の人格としてみなされる」（今村仁司『交易する人間』）。人間よりも大きい、超人間的人格なのである。獲物を贈与してくれたり、土器や石器や木の道具の材料を授けてくれるばかりでなく、いわば人間の生命的存在さえ与えてくれる事実に思い至るとき、神々を意識するのである。だから「すこし木貰っていいかあ」と許可を得なくてはならないのだ。軽い会釈では済ませない。神からハラの中で生存を保障されるという「負い目感情にみあう返しの行為」は、同じ価値をもつ物を返す程度で収まるものではなく、感謝の念をこめて、他にかけがえのない最上等のものでなければならない。それは「自らの生命をなくすことである。しかしこの世のなかで生き続ける限りは、自分に死を与えることは不可能であるから、代理の生命」を差し出すことになる。

それが供儀《くぎ》である。アイヌのイオマンテにこめられた精一杯の恩返しに通ずる。遺跡から出土するイノシシなどの焼骨もそうした儀礼と関係するのかもしれない。

人類史上の第二段階に入って、縄文人がムラの生活を軌道にのせるや、自ら周囲の自然＝ハラに対する働きかけを強めることとなった。人類はそもそも自然との関係において、特徴的な二つの方向性があり、時代や地域や集団によってどちらかが選択された。一つは自然と共存共生を目指すものであり、二つは自然を従属させて、自然に対して主導権を握り、ときには積極的に征服を意識したりする。人類の流れからみれば、前者は伝統的、保守的であるのに対して、後者は革新的である。また後者が農耕を基盤とするのに対して、前者は本格的な農耕に背を向け、第一段階以来の狩猟漁労採集の三本柱を基盤とする。

農耕民は、自然を自然のあるがままにしておくわけにはいかず、開墾に精出す農作物用の耕地を確保する方向に一途に邁進する。ムラを営むための空間を自然から切り取って、自然的要素を排除して、人工的空間を形成するにとどまらず、ムラの外に、もう一つの人工的空間としての農地すなわちノラを設けて、さらに拡大して止むことはない。そこからしばしば自然を征服する、克服するという意識と態度を鮮明にするのだ。自然を利用する効率が問題となり、投入した時間と労働力の見返りの最大効果を目論むにいたる。やがて産業革命を経て、ヨーロッパ流の近代合理主義発達の契機へと膨張し続け、現代の深刻な危機を演出する元凶ともなった。

一方の縄文人の選択は、日常的生活の根拠地としてのムラの周囲＝ハラを生活圏とし、自然と密接な関係を結ぶに至る。農耕民が自然を利用対象として干渉を強める姿勢をとり、容赦なく物理的侵略の挙に出るのと対照的である。縄文人は生活舞台としてのハラの自然に身勝手な干渉を加えたりして、ハラ自体の存亡に影響を与える事態を招くとすれば、縄文人自身の生活基盤の破壊につながりかねない。だからこそ共存共生共栄こそが自然の恵みを永続的に享受し得る保障につながるのである。

こうして縄文人は、ハラの自然のさまざまなモノに対して人格を認め、主従関係というよりは、同格の同志として尊重する心をものにするにいたる。万物ことごとく、草木皆もの言うと認識するが故に、耳を傾け、聴くことができるのだ。こうして鳥虫獣魚草木の自然界にまとうカタチの奥に潜む精霊と付き合い、対話の緒は儀礼や呪いによって開かれてゆく。縄文人が一万年以上こうした自然との関係を維持継承するなかから、縄文世界観が醸成され、次第に日本人的心の形成の基盤となったのである。

❖6章

人間宣言

1　もはや動物ではない

　自分には、イノシシやシカと同じように頭、顔、そして胴体、四肢があり、その身体全体を移動させるという点で、彼らと一目瞭然の強い類似性が認められるが、その一方で彼らの移動には四足を総動員するのに対して、自分は手を解放して二足で歩くという明らかな違いにも気がつく。さらに、解放されたその手でものを摑んで口に運んだりする点で共通するサルとは、しかし毛深さにおいて大きな差を認める。そうした毛モノ達と区別され、また空中を飛翔するトリや昆虫の羽ムシとも異なり、自らを裸ムシと自覚するのである。

　観察と経験の積み重ねを通して、俺たち人間は、たしかにもはや毛モノでもない、羽ムシでもないということが紛れもない事実であることを確信する。そして親兄弟姉妹をはじめ、我々身内の仲間は全員が同類であるというはっきりとした意識を、確固たるものとした。しかも、初めて遭遇したヨソのムラの集団もまた、口から発する音声や行動、しぐさに至るまで自分たちと似ていて、やはり同じ仲間であることを納得させられるのだ。ルソー（『言語起源論』）が語るように、たとえば自らを呼ぶ際の「アイヌ」「イヌイット」（「エスキモー」はヨーロッパ人による「生肉を食べる」意味の語）などの、「ヒト」を指示する語を持つ契機を得たのであり、縄文人もまた人類文化史の第二段階にあって、「ヒト」に相当する名で、自らを呼んでいた可能性が高く、そこに人間意識の萌芽をみる。

人間意識の高揚は、自らが所属する集団の主体性の確立をさらに促した。自分達が口にする言葉の言い回しやアクセントなどが他の集団と異なる部分のあることを明瞭に認識する。このことは土器の製作に際しても、伝統的な器形や文様あるいは粘土に混合する混和材の特定や文様の施文を器体の乾き具合をみて案配するタイミングなどの土器作りの流儀の遵守に忠実になる。それ故、土器の形態や文様モチーフばかりではなく、見た目や手触りなどの独特の雰囲気をかもし出し、隣接の他集団の土器との違いと、自分たちの土器が他をもって替え難いものであることをはっきりと自覚する。そして、ますます自分意識を確認するのである。アマゾン熱帯雨林のデサナ族が〈自分の部族の慣習と他の部族の慣習について厳しい区別〉をもしていた、と特にライヘル・ドルマンの述べていることが想起される。
自分意識とは、他の集団とはっきり区別されるという認識の上に成立するのである。

2 旅のはじまり

定住的なムラの生活が長くなるほどに、ムラのそこかしこのたたずまいに融けこんで、しみじみと一体感に浸って落ち着く。その心でムラをとり巻くハラに眼差しを注ぎ、改めて周囲の自然のあり様を意識しながら、語りかけ、さらに関係を強める。こうして勝手知ったるムラの中に身を置いて、ムラの外に広がる日常生活の舞台＝ハラのすみずみをも手にとるように承知しながら、たしかに自分の居場所を自覚し、安堵するのである。

自分の居場所をムラの中に確保することで、ムラの仲間との連帯意識が強まる。こうして自分と仲間を含めて、ムラとムラを包みこむ外のハラとの一体がムラ風土とも言うことができる。納富信留《のうとみのぶる》（『空間へのパースペクティヴ』）の言に従えば、「我々を取り囲む場所、我々がそこで生きる場面の具体的実質の総体」である。したがって自分が風土を構成するとともに、風土に組み込まれる関係となる。この関係の中に生き、生かされることが揺ぎない安堵を保障するのだ。居心地の良さの根拠がここにある。だからこそ、ムラを離れても、夕方ともなれば帰宅心が沸き、田辺聖子の言葉遣いを借りれば、いつもムラへ「往《い》に急ぐ」（出来るだけ早く家に帰りたい）気持ちになるのだ。

しかし、ときには心地良いその居場所を後にして遠出する。ハラでは入手困難な食材や石器作りに必要な石材や土器作り用の粘土などを求めてハラの外に向かい、さらにヤマを越えねばならないこともある。あるいはヤマの向こうに住む他の集団の訪問がある。そうした旅は、定住的なムラ生活の開始とともに始まる。つまり、旅とは人類史上の第二段階になって定住的な生活が軌道に乗って初めて浮上してきた全く新しい行動様式なのである。

ムラを離れても、一日の行程で帰村出来る程度では、日常的な生活舞台のハラとの往来にすぎない。これは本当の旅を意味しない。旅はムラを離れ、ハラ（日常的生活圏）を離れ、ヤマを越えて移動し、その果てに、馴染みの風土とは異なる風土に入ることであって、単に距離を稼いで遠征することではない。納富信留は、和辻哲郎の提言をもとにしてこの視座から旅を哲学する。そして、旅によって他の風土とそこに生きる他者を知る契機を得て、自らの風土と自分意識を直観するのである。同様なことが接触した相手方においても意識され、友好や反発を超えて、相互に主体性の確立へと向かうのだ。このことがそれぞれが製作し、使用する縄文土器様式の独自性の主張となって表われ出てくるのである。

❖7章　住居と居住空間

1　住居

ムラ生活の基本的な単位は、家族が寝起きする住居である。住居は一部屋作りで回りを壁で囲まれ、閉鎖的な空間を作り、外の一切を排除する。つまり住居内は外からの干渉を拒絶した独自の空間をもつにいたる。外界を遮断して閉鎖的な空間を確保すること自体に自ら住居の内部空間の主体性が保障される。つまり、住居内部のウチは、住居外部のソトと対立的かつ相対的な関係によって、より確かな存在となり、意識されることとなった。

縄文時代の住居といえば、竪穴住居が良く知られている。それだけ代表的な住居形態ではあるが、それだけにとどまらず、実際は複雑な様相を示している。竪穴住居にしても、掘りこみに深浅あり、北海道には深さ二メートルを超えるほどの例がある。いずれにして

図9　家形石製品（北海道八雲町栄浜1遺跡　八雲町教育委員会所蔵）

も、その外見上は覆屋風になるが、掘りこみの浅い場合には、その多くは壁立ち造りとなる。北海道八雲町栄浜《さかえはま》1遺跡の出土の軽石製のミニチュア住居は、往時のたたずまいを彷彿とさせる（図9）。壁立ち式の典型は平地住居であり、時期や地域によっては、竪穴住居よりも一般的であった。ほかに掘立柱の住居、高床住居もあった。

　住居面積は、単純な平均値で捉えられるものではない。あるいは、時期を追って広くなったり、狭くなったりというような一方向の変化を辿るものでもない。一つのムラの中だけでも、広狭の変化が認められる。また、地域や時期によっても、大形の傾向や小形に偏向する場合など複雑である。なかには床面が長方形あるいは長楕円形で、長軸が一〇メートルをはるかに超える例さえある。山形県一ノ坂遺跡では長さ約四七メートル、青森県三内丸山《さんないまるやま》遺跡の長さ三二メートル、幅八メートルの例なども知られている。これらは、一家族用の住居とは区別され、あるいは区別するために大形建物と呼ぶ。

　大形建物は、縄文前期の東日本にあらわれ、中期、後期、晩期へと継続する。北海道と西日本ではあまり知られていない。その機能、用途は並みの規模の住居とは区別され、時期や地域によっても、さまざまであった。員数の多い家族用、あるいは有力者の住居というよりは、ムラの共同体のしくみが必要とする社会的施設、おそらく複数家族用の特別仕立て、あるいは公共的な施設とみられる。北アメリカ北西海岸では、ムラの訪問者の宿泊あるいは寄合や会議や宴会など多目的な利用がみられる。

2 居住空間の閉鎖性

一般の住居は、畳数に換算すると、ほぼ五～八畳くらいに収まるが、それより広い住居も狭い住居も決して少なくない。これを広いと見るか、狭いと見るかは議論の余地なしとしない。しかし、壁で囲まれた住居の閉鎖的空間は、概して広いとみるより、むしろ狭く区切られたというべきであろう。つまり、ことの本質的問題は、面積の広狭というよりは、閉鎖的でだだっ広くはならない点に注意する必要がある。壁に囲まれて外の見えない狭い空間は、内部にいる人間にとって、住居内空間の隅々にまで目が行き届き、支配できるということを意味する。入口の位置も炉のありかも、奥壁と柱の立ち並ぶ様子も一目瞭然というわけだ。家族の誰が、今どの場所に座っているか、何をしているか、住居の中を歩き回らずとも承知することができる。その一方で、住居の外の様子は皆目見当がつかないのと対照的である。もっとも、外に出れば視野にさまざまなものが入ってくる。しかし、何がどうなっているのか、死角にある場所や遮蔽物によっては、見ることのできないもの、あるいはムラの外やさらに遠方に延長するその先など、外の世界の広がりや深さは到底認知し得ないのである。

住居内の空間が手にとるように熟知できるのは、住居内に居住する者の当然の権利である。それだけ自分が居住する空間との関係は緊密となり、他人の住居とは異なる自分だけの住居という意識が働くこととなる。ときには、住居空間の平面的なカタチと立体空間、内側からみた葺《ふき》屋根の様子あるいは炉のカタチとか、縁石の並べ方とか、石の大きさや色具合にいたるまで、なにもかにもが自分の家であることを、しみじみ実感させてくれるよすがとなる。ここにおいて、住居空間はもはや日常生活の一般的な場面とかかわるさまざまな物理的広さをもつ空間とは区別され、特別に居住者と緊密な個人的関係を結ぶ家＝イエ観念から家族意識につながる契機が生まれるのである。

3 居住空間のやすらぎ

家の中に身をおくことで、ほっと安らぎを覚えるのは、家が単なる生身の肉体の居場所としての空間を提供してくれるだけでなく、心の落ち着き場所だからである。一歩外に出たら七人の敵あるごとく、外の世界は油断出来ない。緊張を強いられる外に対して、家には安らぎがある。オットー・ボルノウ（『人間と空間』）は、家の重要な性質としてこのことを強調する。家の外では、食物の入手からムラの仲間との付き合いがあり、いずれも気を抜くことの出来ない緊張の連続となる。だからこそ、一日が終わって入口から住居に足を踏み入れた途端、家＝イエに帰って来たと安堵出来るのだ。家の中には他に例のない空間力が確かに働き、暖かく包容してくれる。そして一日の疲れはあっという間に癒やされ、再び明日の活力を回復する。概して引っ込み思案の者であってさえ、外では仲間内でおとなしく、いつも他人の後方に隠れがちにしていて目立たず、弱々しい風情をみせていないながらも、一旦、家に帰ると見違えんばかりに元気に振舞う。家の空間力のなさしむる功徳であり、内弁慶に変身出来るのだ。

家のその壁に囲まれた空間に住みつづけるほどに眼に心地よく映り、身と心になじんで、いかなる他人の家にも替え難い我が家、独自の空間としての風情をますます醸し出してくれる。とくに空間を作る柱や壁だけではなく、さまざまな装置が、さらに我が家の空間力を増進させる。なかでも、床面にしつらえられた炉および奥壁の祭壇の二つが、とくに重要である。

4 家族

家には家族が居住する。あるいは家族が生活する空間が家である。家は家族が入る箱である。独り者が家に居住するのは正しい姿ではない。これが言い過ぎとすれば、あるべき形態への途上である。つまり、家は単なる寝起き、休息をとる空間ではなく、安らぎを得る極めて重要な機能をもつものであるが、それが独り者には働かない。少なくとも十分な効き目を期待することが出来ないのだ。外の緊張から独り住まいの我が家に戻っても、家の空間力は不発のままで、十分な機能は期待出来ないであろう。家族の顔が揃ってこそはじめて、肝心要めの条件が備わって、ようやく家は機能を発揮するのだ。縄文時代の住居の終局の姿は、最低新婚夫婦のための空間であったと確信する根拠となる。縄文住居はどんなに狭くても夫婦者には十分の広さが確保されてあるのは、そこに理由があるからだ。そして子供が授かる。

少なくとも独身者には余るほどに広すぎる。また住居の建設は到底一人では適わぬ相談であり、家族の複数の人手が必要である。あるいは仲間の応援抜きでは住居建設はままならぬ。風来坊一人のための住居建設に手を貸すほどのゆとりはないのだ。親元を飛び出して独身者用アパート・マンションに住んでみたいという我儘は通らなかったとみてよい。自分だけの独り部屋を欲しがる風潮は、実はいかにも現代風俗の典型の一つなのである。あるいは、先後の関係は逆なのかもしれない。独身用アパートが世間に沢山用意されるようになって、一生独身で過ごす選択が可能になり、とくにこの頃目立ってきたのかもしれない。深刻な少子化の進行の原因の一つともなっている。

これはさておき、縄文時代には、家族の頭数は働き手の動員力に直接かかわるが故に、間断なく補給の手だてが整えられねばならなかった。つい最近までの農家ばかりか、商家においても、人的資源が一家の存亡を左右していたではないか。縄文人が生き抜くためにも、この問題は大いにかかわってくる。だからこそ、一人の女性は一生かかって数人を産まなければならなかったのだ。出産時には、産道が大きく開き、その痕跡がいちいち腰の寛骨に遺《のこ》り、出産の経歴が正しく記録されるので、縄文人女性の出産回数を読み取ることが出来るのである。乳幼児の死亡率も高く、平均年齢が三〇歳そこそこという現実にあっては、子供を出産するそれだけの覚悟がなければ、人口は減少して、早晩縄文社会は成立しなくなるのだ。今日の年金問題の比ではなく、まさに縄文社会の存亡にかかわってくるのである。

とにかく、縄文社会では独身者向けの住居は原則としてなかったとみられる。夫婦用が縄文住居の最低存立条件であり、しばしば年老いた親の同居があり、未婚の兄弟姉妹が居付いている。やがては子供の誕生を迎える。このように家族が揃って初めて家が機能する。壁に囲まれた必要十分の狭さ、広さの中で、肩寄せ合って暮らすうちに、ついに家族の団らんが保障されるのである。家があって、家族があり、そしてやがて家族団らんという新しい家族現象が日常化してゆく。家族の絆が生まれ、家族の主体性が確立した。当然、家族あるいは家族的な実態ならびに観念を表わすコトバも出来たに決まっている。

ムラに定住し、ムラの中に住居の建設が進むにつれ、建築史の枠を超えた人工的空間が、さらに家、家族の歴史的意義を浮上させてきたのだ。つまり、住居が単なる寝起きの場を約束する空間を超越した象徴的な「イエ」観念の芽生えを促したのである。

❖8章

居住空間の聖性

竪穴住居空間は、それまでとははっきりと区別される画期的な装置であった。遊動生活における休息や夜の睡眠をとるその場しのぎの空間あるいは、ムラを出て竪穴住居を離れた宿営地での仮設住居とは大きな違いがある。そこは生活の重要部分が集約される耐久的な空間であり、さまざまな生活内容が時間の経過とともに繰り返され、それらの複雑多岐なものを蓄積して次第に独自の空間機能を充実してゆくのである。今和次郎《こんわじろう》（『暮らしと住居』）はそうした住居生活の内容を数え上げている。つまり、〈祀神仏、休養、団らん、接客、……仕事、遊び……〉などのなかで、祀神仏を筆頭に掲げている点が注目される。ここに睡眠、休息、団らんなどの場としての物理的空間を超えて、観念的、抽象的次元の意味合いの重要性を示唆している。

このことは床面のほぼ中央にしつらえられた炉に象徴される。

1 炉と火

住居空間が物理的空間の広狭を超えて家＝イエ化へと向かう原動力として働いた装置の第一は炉である。縄文住居には、原則として床に炉が設けられた。とくに竪穴住居では、平地住居や高床住居と較べてその痕跡は遺存し易い。ときには、発掘された床面上に明瞭な痕跡が認められない場合もあるが、決して、もともとなかったせいではなく、その多くは火熱による変色が見えにくかったり、使用が短期間であったために変色の程度が低かった理由によるものとみなくてはならない。

炉の形態もさまざまである。床面上に炉の位置を決めただけで、それ以上の手を加えずに火を焚く最も単純な地床炉《じしょうろ》の類がある。火熱で赤く変色した痕跡を丁寧に観察してようやく認識できる。こうした地床炉のなかには浅く皿状に掘りくぼめる類、あるいは掘りこみが二〇センチあるいはそれ以上の深さに達し、内部に焼土や灰の詰まった類がある。これらの地床炉や浅い掘りこみの類は早期までの主流であったが、その後にも簡易なつくりとして続く。また掘りこみの中央や端に深鉢を埋《い》ける、いわゆる埋甕炉が前期以降に出現し、二個体並ぶ例もあるが、その場合は、古い埋甕が残されたりした事情も考えられる。炉中に埋けられる深鉢は、通常ほとんど胴下半や底部を抜いたり、あるいは口縁部とか胴上半あるいは土器本体の上・下両方を打ち欠いたイカリングのような輪切り状の胴部の場合がある。

　前期以降に始まり、中期から主流となるのが石囲炉である。円形、方形、長方形を基本形として、二つの円形を連接させたヒョウタン形などがある。また、石囲炉内に深鉢を埋ける形態もあり、とくに全体が扇形をした複式炉の中には必ず埋甕が設置される。その甕の中には灰を溜めこみ、ドングリ類などのアク抜きに用いたのではないかとする仮説が渡辺誠によって唱えられている。

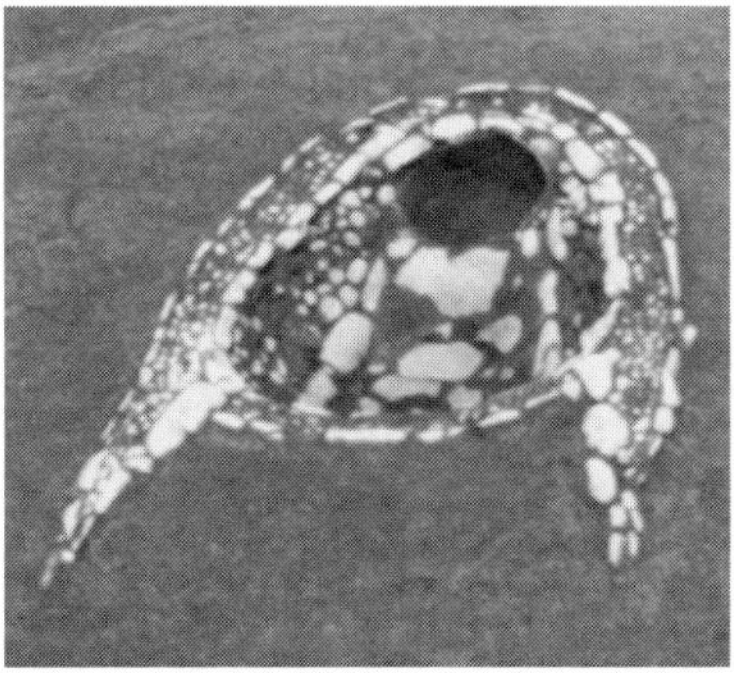

図10　複式炉（新潟県津南町沖ノ原遺跡）

　炉を石で囲う類にあっては、ただカタチの枠組みを作るだけでなく、円礫《えんれき》か板石《いたいし》あるいは石の大小、その組み合わせや石のかたちを配慮しながら明らかに美的効果を意識的に目論んでいた下心を窺わせる興味深い例がある（図10）。しかし、石の色分けに至るほどの格別な思い入れは定かではない。

図11　彫刻石棒を立てた石囲炉（岐阜県高山市堂之上《どうのそら》遺跡六号住居址　戸田哲也提供）

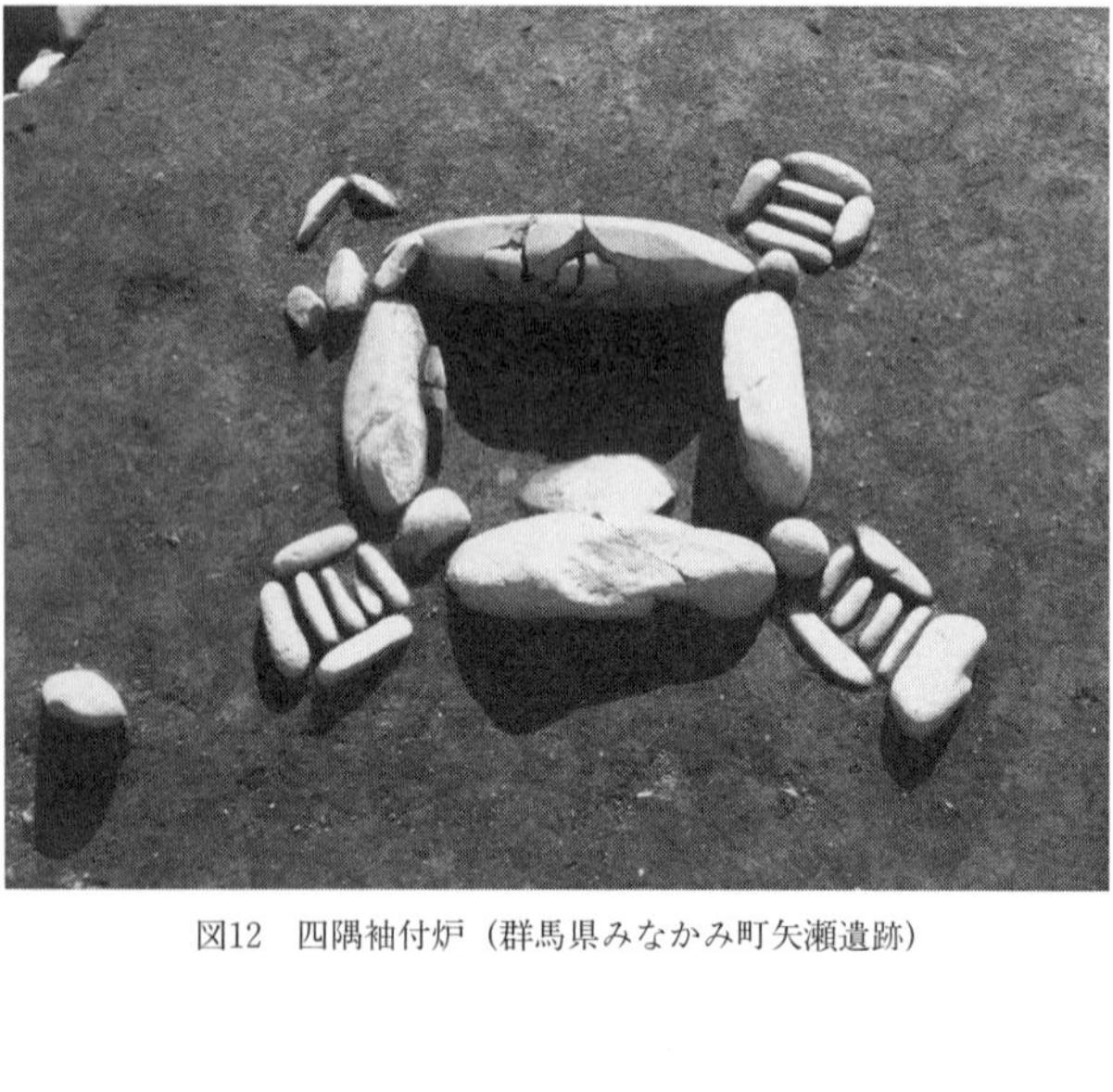

図12　四隅袖付炉（群馬県みなかみ町矢瀬遺跡）

とくに注目すべきは、方形の石囲いの一隅に石棒を立てる場合がいくつか知られており、特別な意志の働きかけをみる（図11）。石皿や石棒、それも完形品でなく、破片を石囲いの縁石に採りこんでいる例がある。なお、四隅に井桁《いげた》状の配石を張り出す変種《かわりだね》（群馬県矢《や》瀬《ぜ》遺跡）がある（図12）。

2　炉の大小

ものに大小あるは世の習い。石で囲う炉は形だけでなく、その大小がさまざまである。炉の大きさに標準はないが、屋内の施設であることと、床面積に対する占有率に自ら制限があり、さらに薪木をくべる行為と火の勢いなどからイメージすると、家庭の洗面台程度というのが、小さすぎず大きすぎず丁度いい加減ということがわかる。ただ、中期末の東北地方南部に発達した「複式炉」には畳一枚ほどの大形炉が壁際に設けられており、火の焚き方や火力の勢いなどを想像すると、上屋構造にも一工夫が必要であったと心配される。なお、北アメリカ北西海岸のトーテムポールを立てた人々（トリンギット族）には、身分の低い階層の炉は小さめに押さえこまれていた事実が知られている。桐原健《きりはらたけし》は、後世の囲《い》炉裏《ろり》と比較して、縄文の炉の小形であることに注意する。つまり、小形の炉では丸太や小枝を燃やすには狭すぎるから、炭を利用したのではないかと思いを馳せるのだ。

ところで、炉に限らずムラのあちこちで発見される炭化物には、クリが多く、圧倒的な利用を示唆している。クリは燃えにくく、火の手にも勢いがない。その代わりに火持ちの良いことで知られている。だから、十分な火力が得られないのにもかかわらず、この性質こそは縄文人にとって重要なのであって、意識的に利用していたものと考えられる。炭火だけでは覚束ないとしたらクリが「ほどこ」（火の真中）にくべられていた可能性が極めて高い。かつて千野裕道《ちのひろみち》はいち早く遺跡出土の炭化物の九割近くがクリであることを明らかにしているのが、そうした事情の反映とみられる。

3　炉の象徴性・聖性

いずれにせよ、多くの場合、炉の底は加熱によって赤レンガのように固くなっている。それほどに炉に、火が絶やされずに維持され続けたことを意味する。ということは、火床＝炉も十分な大きさをとれないとすれば、よほどこまめに、火を消さないように注意を怠らず、焚木をくべ続けるか、あるいはそれに代わって、火種を絶やさないような工夫が必要とされる。このことは決して些細なことではすまされなかったはずだ。住居内における重要課題であり、真剣に取り組まなければならない。それほど炉の存在は重みをもってくる。

そのくせ、天井の低い竪穴住居の炉の火は夜の暗闇に真昼ほどの明るさをもたらすに足るほどの火勢をあげることが出来なかった状況から憶測すれば、灯かりとり用の機能が主要な役目であったとは考えにくい。

同様に冬の暖房用としても、存分に火力をあげることとは、屋内であることと炉の大きさに制約されていて、やはり暖房目的だけで火が燃やし続けられたとも考えにくい。

しかも、誰しもがすぐに思いつき易い、煮炊き料理用であったかと言えば、その可能性も全くないに等しいのだ。このことは極めて重要な問題である。とにかく、いくら屋内の炉で煮炊き料理をやっていた証拠を探し出そうにも、手掛りになるものは何一つ残されてはいない。不慮の火災で燃え落ちた、いわゆる焼失家屋に土器が残されていることはあっても、そこには煮炊きに無関係の、しかし呪術や儀礼にかかわるかのような特殊な形態の代物——釣手《つりて》土器、異形台付《いぎょうだいつき》土器、有孔鍔付《ゆうこうつばつき》土器——ばかりである。縄文人の食事の支度は、どうも通常、住居の外でなされていたものらしい。極北の地に生活するイヌイット

（エスキモーの人々）達も、冬の厳寒期や雨風の激しい悪天候は別として、なるべく戸外で食事する傾向が強い。ましてや気候温和な日本列島の縄文人にあっては、屋内よりも戸外を好んだとしても合点がゆく。

つまり縄文住居の炉は、灯かりとりでも、暖房用でも、調理用でもなかったのだ。それでも、執拗に炉の火を消さずに守りつづけたのは、そうした現実的日常的効果とは別の役割があったとみなくてはならない。火に物理的効果や利便性を期待したのではなく、実は火を焚くこと、火を燃やし続けること、火を消さずに守り抜くこと、とにかく炉の火それ自体にこそ目的があったのではなかったか。その可能性を考えることは決して思考の飛躍でもない。むしろ、視点を変えて見れば、つねに火の現実的効果とは不即不離の関係にある、火に対する象徴的観念に思いが至るのである。火を生活に採り入れた時点から、火の実用的効用とは別に世界各地の集団は、火に対して特別な観念を重ねてきた。その事例は、いまさらながら枚挙にいとまがない。縄文人も例外ではなかった。炉と炉の火に聖性を見出したのである。炉は単なる住居の一施設ではなく、住居の象徴であり、住居空間に肉体の居心地良さを与える空間以上の意味をもたらしたのが、他ならぬ炉と炉の火の象徴性なのであった。炉の火は体を暖めるものではなく、心を暖め、目に灯かりをもたらすものではなく、心の目印となるのである。だからこそ、炉は、住居の存在を保障し、やがて家＝

イエ観念と結びつくに至るのだ。炉に石棒を立てる理由もここにある。

火の象徴的聖性は、今日の私達の生活においても、いろいろな場面に認められる。その原点が、縄文住居の炉にはじまっていたことが想像される。野外の焚火やキャンプ地での火の使用とは区別される。やがてその流れが、修験道における火渡り、火くぐりなどにもつながってくる。北アメリカのトリンギット族は死者が出ると炉を壊したりする。また、風水思想や家相などから炉や竈の位置を気にかける風俗習慣にも共通する。あるいは、火に爪をくべることを忌避、いましめる民俗俚諺《りげん》などに各種多様な火の観念、聖性を窺い知ることが出来る。

さらに、北欧に於いては、炉の中にガリ・アイゼン（gali azen）という人の姿をした霊が住んでいると信じられている。炉の中にゴミなどを投げ入れると、ガリが盲目になって、家の中の悪霊を追い払えなくなると戒めるのである。

炉が暖房用でも、灯かりとり用でもなく、調理用でもないのに、火を守る厄介さ加減を排除するでなく、むしろ積極的によびこみ、心で受けとめ燻《いぶ》し続けていたのだ。縄文住居空間の日常的利便性を超えた象徴性、聖性に改めて注目する必要がある。換言すれば、炉によって、家は物理的日常的空間を超越して象徴性、聖性の次元にまで高められたのである。こうして縄文住居空間は縄文人の心を包みこむ家＝イエの力をもつにいたるのだ。

それだけ人間・縄文人の心の糧となった炉の機能は、縄文時代の終焉とともに消えてゆくのであろうか。たしかに、弥生時代以降の炉は、実用一点張りとなっている。やがて、古墳時代に竈《かまど》が壁際に出現した。すると床面の炉はそれまでの役割を失い、消えてゆくのである。こうして縄文的炉の伝統は、この時点ですっかり影をひそめたかにみえる。しかし、炉と契りを結んだ心の絆は続いていた。そしてその記憶はやがて囲炉裏のカタチに姿を変えて再び住居空間に復活再生し、日本的民俗の心にしっかり居すわって歴史を歩むのである。つい最近まで、日本家屋の中に大きな存在感を輝かしていた囲炉裏の象徴性はいかにもなつかしい。

電気やガスストーブが普及するまでは、とりわけ山間地の農家では囲炉裏が住居の中心的な意味をもっていた。二代も三代も前からの火を絶やさないようにする役目は、主婦の務めであり、大事な火種を消してしまうと離縁されたという民話まで残っている。こうした囲炉裏の火にまつわる観念はずっと遡って縄文時代の炉に由来するものと考えられる。

それがいま影もかたちも全く消え去ろうとしているのだ。しかも今度ばかりは、縄文以来の住居空間の象徴性、聖性も囲炉裏とともに忘却の彼方へと動きを早めている。囲炉裏の復権はもはや無理かもしれないが、せめて住居を家＝イエの次元にまで高めた観念の火種だけでも残せないのであろうか。ただ挽歌を口ごもればよいというのであるまい。

ところで、縄文住居の炉の実像に立ち戻って触れておくことがある。炉で火を燃せば燃すほど、煙が立ちこめて、眼を開けていられないほど苦しく、咳が出たり、涙があふれたり、たまらない思いをすることがある。この現実を直視して初めて縄文人に接近し、血を通わすことができるのである。博物館に復元された住居の中で縄文家族がこざっぱりした顔つきで炉を囲んでいる姿は虚像なのだ。そこにはガスや電気の恩恵を身一杯受けた、遥かに縄文放れした現実がそのまま投影されている。高度成長期までの田舎では、あちこちに縄文が生き残って人々にもまとわりついていた。たとえば、朝目覚めると、まず寝てる間にたまってあふれ出た目ヤニを指でこすり取る。この所作を、秋田県鹿角《かづの》地方では「目くそほろぎ」と言う。あるいは病弱であったり、火の守りを長く続けているうちに、恒常的な竈や囲炉裏の煙をまともに受けて、ついに失明にいたる場合も決して少なくなかったのだ。縄文住居以来の擬似体験がすぐそこにあったのである。電化以前の、トーテムポールを立てた人々の間にも同様な苦労話が伝えられている。

炉は一つ。一つであることが、住居空間の中で自らの存在を厳然たるものとする。炉を囲んで顔を寄せる。炉が求心力を発揮した具体的な主張だ。空間をまとめ、家族をまとめる。こうして炉は空間に於いても、棲家《すみか》とする家族の面々の心においても、中核となり、象徴性へと止揚されるのだ。炉の聖性の根拠となるのだ。炉が住居のウチで（面積の規制を超えて）特別な空間を演出する。劇場空間への変身である。

4　祭壇

縄文住居空間の家＝イエ化を強化する装置の第二は、奥壁の施設である。とくに、縄文中期の中部山岳地帯においては、奥壁に石で囲った特殊な区画が設けられ、しばしばその中央に長い石を立てる（図13）。立石は、河原にあるような表面の滑らかなものではなく、稜をもつ、いわゆる山どりの石である。細長い石であれば何でも良いというのではない。そこに縄文人なりのこだわりが覗く。もとよりこの立石を伴う施設の具体的な目的意味などは不明である。日常的生活に必要不可欠な効能を思い浮かべることもできない。そうした皆目検討のつかない代物については、窮余の一策、考古学は祭祀にかかわるものとしてマツリ上げることになっている。いずれにせよ、縄文人の

図13　竪穴住居奥壁の祭壇状立石（長野県茅野市与助尾根遺跡）

精神文化にかかわる重要な施設とみられ、仮に祭壇と呼んだりしている。

こうした祭壇をもつ住居例は決して多くはなく、時期や地域、ムラの中でも限定されている。長野県与助尾根遺跡で初めて民間考古学者宮坂英式《みやさかふさかず》が注目した。木曽川流域のマツバリ遺跡では隣り合った複数の住居にみられた。桐原健は、立石を伴う施設が認められない場合でも、奥壁は特別な意味がこめられ、神聖視されていた可能性を指摘している。たとえば、後世の神事における榊《さかき》のような特に選ばれた枝あるいは特別な木がたてかけられていた様子を想像してみせる。つまり、痕跡は残りにくいが、なんらかの造作があったとみるのだ。あるいは少なくとも聖なる特別な場所が想定されるのである。東北北部の前期から中期においても、青森県三内丸山遺跡などで奥壁に性格不明の凹みを設ける例が良く知られている。北海道にも類似の凹みが認められる。多くの研究者は、石を並べて立てた施設に相当する祭祀施設とみなしている。

広くはない床面に、炉を必ず設置し、さらに奥の一画に施設をおいていたのだ。しかしそれらが容易に想像し得るような日常的な必要性に関連が認められないとすれば、やはり一種の祭壇的な性格だったのであろう。生活の利便性に直結しないのにもかかわらず、それを狭い空間に敢えて設けているのは、心が必要とし、心が拠りどころとすべき目印だったからだと考えたい。

住居空間に具体的な効能や利便性と無縁な装置を備えていた事実は重要である。これこそが縄文住居の面目であり、象徴的観念、聖性がより一層強調されてくるのである。縄文住居内に登場した祭壇もまた弥生時代以降には、すっかり影をひそめてしまった。しかし、祭壇に仮託した心はそのまま消えてしまったわけではなく脈々と続いていたのだ。中世以降の葬式仏教の普及につれて、祖先崇拝・供養をきっかけにして、仏壇が家の仏間に登場しはじめた。同じく中世に神霊奉安の場として神棚が天井近くの梁《はり》の上に現われたのであった。いずれも縄文住居の祭壇に一部共通する観念を窺わせる。

仏壇も神棚も、仏教あるいは神道への篤い信仰心だけに支えられたものではなかった。換言すれば、宗教としての仏教や神道には直接おかまいなしに仏壇や神棚を備え付けはじめた動機が人々には別にあったのだ。宗教意識が少しでもあると、他の宗教を邪教とみなすばかりか、積極的に排斥する動きに回り、ときには命かけた血腥《ちなま》ぐさいほどの衝突に至るのが悲劇的な常道というものである。しかるに、二つともに一つ屋根の下に共存できるほどの寛容さは、いずれにも絶対的宗教心が意識されていたからではないことを示している。それこそは縄文住居空間に登場した祭壇に由来するいかにも日本風土の民俗に根ざした常民の心なのである。いわゆる宗教の前提となる、人間の心に直接かかわる心ばえである。

今日現在、仏壇を仏教、神棚を神道に単純に対応させる浅慮が、無意識のうちに縄文以来の伝統的世界観の軽視あるいは否定につながっている。そのことが一万年にも及ぶ昔ながらに培われてきたささやかな常民の心に余計な波風を立て、はては人倫の道の拠りどころさえ奪う結果を招いてしまっている事態を深刻に受けとめる必要があろう。

5 埋甕《うめがめ》

縄文住居空間は家族を収容する箱空間以上のものであった。それ故にこそ注目すべき要素がさらにいくつかある。

床面に埋《い》けられた、いわゆる埋甕《うめがめ》がある。そのはしりは前期に登場し、中期中葉に始まり、深鉢がそれ用に当てられた。ときには、底を抜いたり、胴下半を故意に毀わしている。深鉢を住居の床に埋けるのには、炉中に埋けられた埋甕炉があるが、それとは別である。いわゆるこの埋甕というのはしばしば住居の入口部に埋けられる点で明瞭に区別されることが重要である。中期末から後期初頭の敷石住居では、張り出し部分に必ず埋けるのを原則とする（図14）。きちんと容器の形態そのままであるにもかかわらず、何も入っておら

図14　敷石住居と埋甕（東京都八王子市多摩ニュータウン№72遺跡）

ず、ときには中味は空っぽである。外から流れこむ土砂がさえぎられて、空洞だったりもする。たとえ何か入れていたとしても、腐朽したり、酸化して全く痕跡をとどめない可能性が高い。いろいろな機能用途が取り沙汰されているが、決定的な説得力も、それを支持する考古学的証拠も薄弱である。

住居を建てる際の儀礼行為に関係したとする説は水野《みずの》正好《まさよし》である。屋内に跋扈する鼠取りとみる珍しい提案もあるが、密閉された例では、追いこむにせよ油断させて誘いこもうにも物理的にも無理があり、この説に対してだけは積極的に反対せざるを得ない。

出産時の後産＝胎盤を収納したいわゆる胞衣《えな》壺とか、乳幼児の甕棺《かめかん》なのではないかと、近年までの民俗例などから主張するのが金関丈夫《かなせきたけお》をはじめ木下忠などであり、同調者も多い。胎盤収納の深鉢を敢えて出入口に埋けて、わざと出入する際に、踏むことで、無病息災を祈る気持ちがこめられていたとする。今のところ、はっきりとした反論がなく、それがそのまま黙認のかたちになっている。さりとて大方が賛同しているわけではなく、他に対抗する説が出せないのだ。なお、脂肪酸分析によって胎盤を収納した根拠とする提案があり、これで一件落着と、いっとき色めき立ったが、今日では分析の根本的不備が指摘されている。

6 床面に安置された土器

なお、住居の床面には、ほとんど何もおかれていないのが縄文住居の特色の一つでもある。土器の小破片が稀にみつけ出されるが、概してきれいさっぱりとしている。竪穴住居内からしばしば大量の土器が出土する場合があるが、もともと住居内に置かれてあったものではなく、廃絶された住居の窪みに投げ捨てられたものである。とにかく、大量の土器の所有者である縄文人も、縄文土器を住居内には持ち込んではいないのだ。アフリカ・カメルーンの女性が土器を財産として屋内に積み上げるほどに貯めこんでいる光景と対照をなす。

しかし、例外がある。土器の圧倒的多数が煮炊き用であるのに、煮炊きとは無縁の特別な目的で作られた土器に限って、床面に安置されていたと想定される状態で発見されるのだ。前期例にはじまり、中期、後期に続く。

前期には、口縁に沿って貫通孔がめぐる、多《た》孔縁《こうえん》土器がある。小田原提灯《ちょうちん》を畳んだような頸のない鉢だ。形態だけみても、一般の土器とはかけ離れた特殊なつくりである上に、しばしば赤色に塗られたり、なかには赤漆地に黒漆で文様を施した山形県押出《おんだし》遺跡や福井県鳥浜《とりはま》貝塚例のような豪華品がある。そうした特殊土器の完形品が岐阜県糠塚《ぬかづか》遺跡や長野県野々尻遺跡の竪穴住居床面から二個一組で発見されている。そもそも完形あるいは完形に近い状態の土器は極めて例外的で稀である。素焼きの縄文土器は脆弱で毀われ易いのであるから、よほど手厚い扱いをされ、床面に安置されていたものと考えなくてはならない。

中期では、長野県曾利《そり》遺跡のように、釣手土器の床面出土例がある。鉢の口縁の差渡しに、お太鼓橋のような恰好に取り付けられた釣手を特徴とする。釣手中央部の裏側には、煤がベットリ付着した富山県西原遺跡その他の例などがあり、まさしく火を灯していたことがわかる。なかには釣手に顔面やマムシ形の表現をもつなど、いかにも特殊な器である。

後期においては、やはり前期の場合と同様に二個一組の特殊土器の出土例がある。その特殊ぶりが土器一般とは大きくかけ離れた、モノを入れる形にはなっていない不思議な形態のつくりである。機能、用途については到底想像も及びつかないので、苦しまぎれに異形台付土器と呼ぶ。東京都鶴川《つるかわ》遺跡や千葉県井野《いの》長割《ながわり》遺跡と加曾利《かそり》貝塚などで知られている。

なお、特殊な形態の土器が二個一組でセットとなって床面に安置された例が、前、後期にあって、過渡期の中期にない理由はよくわからない。そうした所業が中断したが故になくなったのかどうか、判断が難しい。考古学的に「ない」という証明は難しく、もともと存在したのに、たまたまこれまで未発見にすぎないのかもしれない。

とにかく床面上に特殊な土器の安置されることがあったのだ。日常的に使用される絶対多数の深鉢をケ＝俗（日常性）の土器とすれば、特殊な性格のハレ＝聖の土器が住居内にあり、完形を保つほどに特別扱いにされている事実は重要である。しかも、そのハレの土器が二個一組のセットになっていることは、大いに象徴的である。住居空間は、この点においても象徴性、聖性との密接なかかわりをたしかに暗示している。

❖9章 炉辺の語りから神話へ

壁で四周を囲まれて閉じられた住居は、縄文人が創り出した縄文人独自の空間である。その性質は他のいかなるものとも画然と区別され、固有の装置によって象徴的意味をもたらした。聖性を備え、家族の身と心を安堵させるイエ観念をはっきりと意識させたのだ。

炉は、そうした装置の一つとしての重要な役割をになったが、さらに炉と炉端から縄文哲学が次第に姿を現わした。炉は、住居の床のほぼ中心にもうけられた。正真正銘の中心というよりはむしろ、炉の場所が住居の中心であり、家の拠り所となったのだ。炉の求心性が働いて炉の周りに家族が集まり、お互いに最も顔を近づけるところとなった。家族全員が向き合って顔の動き、口や目の動きをやりとりすることで、誰一人として隠し立てすることなく、家族の心が一つになってゆく。

火を囲んでただ座っているとお互いに息苦しくもなるから、場をなごますためにあれこれおしゃべりが口をついて出るようになり、そこから団らんというものが生じたと藤森照信も述べていた。

さても朝から身に起こったあれこれの話を交わし、耳をそば立て、口元をのぞきこむその中心に炉がある。

それにしても、その日現実に起こった一回だけの体験は平凡にすぎるきらいがある。だから一度だけなら、耳を傾けてくれても、二度三度の繰り返しは飽きられる。人間心理における「飽き」を克服することは到底出来るものではない。さりとて話すに足るほどの体験が毎日毎日あるわけではない。そこで実際の体験を元手に粉飾され脚色されることになる。脚色の方法には、まず第一にそれまでに耳にした他人の体験の一部を拝借して、話の内容を膨らませる。第二は、ささいな事を大袈裟にする。たとえば、あっけない勝負を長時間にわたる死闘にすり変えたり、実際の身に覚えのない死の危険をかろうじて免れたとする。第三はありもしない事をでっちあげる。たとえば、風の音にびっくりしたことが、見も知らぬ人がぬっと出てきたという話になる。とくにその得体の知れぬ怪物が異形あるいはこの世の人とは思えないとなれば、効果百倍となる。第四はあることないことを混ぜ合わせて話の辻褄を合わせて、衝撃性あるいは面白味を演出する。そのためには、起承転結、序破急といった事の顚末の流れをつくり、ヤマ場を設定する。こうして、血湧き肉躍る物語になる。

こうして、平凡な体験談も幾度となく繰り返されるうちに、形を整え、筋書きが固定して立派な物語に仕上がってゆくのだ。同時に、その内容は自分の身に起こった具体的な体験から次第に遊離する方向をたどる。もはや自分で語りながらも、自分個人の話ではなくなる。

こうして個人の体験やイメージを土台にして、物語が誕生する。実際に発した体験談の無主物化である。具体的内容から飛躍した架空の出来事で粉飾され、それが故に個人の死と共に消滅するのではなく、仲間内に語り継がれてゆくだけの普遍性を備えることとなる。物語の共有化、社会化である。

やがて、個人的実体験にルーツをもつ物語はムラの中のあちこちに蓄積されてゆく。個人が経験することのできない事柄も、物語を通して仲間と共有できるのだ。物語が不断に再生産されてゆく一方で、淘汰も進み、ある一定数の許容限度がほぼ保たれてゆく。従って、ムラの中の物語は、入れ替わり、立ち替わり、新旧入り混じる。そうした物語群の中に生きる人々全員が合意する共同幻想が醸成される。共同幻想とは現実世界の具体的な事件を超えた、抽象的世界である。

物語の大部分は、短期的で消えてゆく運命にあるが、比較的長期にわたり、あるいは世代を越えて語り継がれるものもある。大方の支持の得られた物語は、脚色に成功したものであり、共同幻想の中に組み込まれる。むしろ共同幻想そのものの象徴的存在として位置づけられる。一世代はもとより、幾世代も継承されてゆくうちに、さらなる抽象化が進み、伝説化する。しかし依然として伝説は体験談の延長線上にあり、具体的な現実世界の関係は維持されるのである。

体験談が個人と密接に関係するのに対して、伝説は、ムラの仲間全員の共有財産であり、その財産としての伝説の保持が共同幻想と関係する。換言すれば、集団の意思が伝説の存在を規制するのである。伝説のあるものは、現実の具体的事柄から遊離の傾向を強めるほどに、現実離れした論理すなわち共同幻想によって存続を保証しなくてはならなくなる。

現実を離れた架空の世界とは、生身の人間に替わって、人間の精霊が表にでてきたりする。そして、草や木や虫や動物の精霊と対話したり、交感したりしながら、自然界に自らの存在を位置付け、関係付け、組み込むのであり、「草木皆もの言う」の世界につながってきているのだ。関係づける論理は、現実的な根拠を必要とするわけでなく、現実離れした飛躍がある、思いつきの理屈を貫き通そうとする説明である。

この伝説の暴走が行きつくところに神話の世界がある。もはや地に足のついた具体的な裏付けのない抽象的な次元だ。神話の中では、天に上ったり、降りたり、動物や植物に変身したり、まさに破天荒な所業が展開される。

神話は、しばしば自分達人間の出自を説明する。しばしば動物植物との交流を物語る。人間と自然との有機的関係の来歴を物語る。あるいは森羅万象のあり様に解釈を与えるのである。とりわけ、目で見てそれを確認できない裏の裏まで理解しようとする姿勢が、独自の理屈をひねり出すのである。その理屈が論理性を欠くが故に、物語の中に位置付け、粉飾することになる。それが単なる日常性に根差した体験談ではなく、ただの伝説でもなく、まさに神話でなければならない理由である。そして逆に神話によって、森羅万象の存在が保障される。神話の神話たる所以《ゆえん》がここにある。共同幻想の究極である。

❖10章

縄文人と動物

縄文時代の貝塚や洞窟遺跡からは、日本列島に生息するほとんど全ての哺乳動物約六〇種が発見されている。さらに爬虫類のヘビやカメ、両生類のカエルなど多種多様である。それらの多くは第一に縄文人が生存のためのカロリーを摂取した対象である。第二にそうした食材とは別に、骨や角や毛皮などは日常必需品の素材としても重要な意味があった。そして、さらに縄文人の心の奥深くに入りこみ、縄文人の世界観の中で、いろいろな役割を演じたのである。

1 イヌ

縄文時代の貝塚から出土するイヌの骨に注目した最初は長谷部《はせべ》言人《ことんど》である。このことはオオカミと似て非なる骨格を区別してイヌと判定したというにとどまらず、イヌを飼育していた事実を明らかにしたところに意味があった。こうして縄文人とイヌとの深い絆を明らかにする緒となったのである。

イヌに対する縄文人の思い入れは異常なほどである。単に狩猟犬としてだけでなく、人間同士の付き合いに限りなく近く、分け隔てなく、ほとんど対等の情愛を注いでいたことがわかる。死ぬと人並みに墓穴を掘り、ていねいに埋葬する。しかし、縄文人の末裔、弥生人にはもはやイヌを埋葬する習慣あるいは心情は途絶えている。そして中世以降の遺跡からは刃物で傷つけられたイヌの骨が沢山発見される。肉を食べていた証拠だ。北海道のオホーツク文化人もイヌをむしろ好んで食べていたふしが見える。

とにかく、縄文人はイヌの肉を口にしなかったという状況証拠は注目に値する。しかも、遺体を埋葬さえしていた。今日の愛玩用のイヌの飼育をするまでは、古今東西、イヌの埋葬習慣はきわめて稀である。それだけ縄文人とイヌとは並々ならぬ関係にあったことを示している。宮城県田柄《たがら》貝塚出土の埋葬されたイヌは、骨折して歩行もままならぬ状態のまま、天寿を全うしていた。狩猟に際しても十分な働きができなくなっていたのに、それではと食べたりせず、きちんと餌を与え、死ぬまで面倒をみて、ちゃんと埋葬していた行為に、縄文人がイヌに通わす温かい心を垣間みる。

しかしながら、しばしば遺跡にイヌの散乱骨があるという事実を根拠に、イヌを食べた紛れもない証拠と強調する岡村道雄説がある。散乱骨というのであれば、人骨もまた同様である。大森貝塚を発見したモースが、そうした出土状態をもって食人の風習の存在を論じた明治一二年の報告書の内容と合致はするが、賛成できない。たしかに散乱骨のなかには、カットマーク（切り傷、解体痕）や被熱したものが確認されているが、それとてほんの一握りにすぎない。人骨にも認められるからとて、直ちに食用と関係づけるのではなく、むしろ儀礼的呪術的な理由など特別な事情が想定される。縄文人は仲間の遺体を埋葬する行為をイヌに対しても同様に実践していたという事実から、縄文人の真の心情をこそ読み取る必要があるのだ。ただイヌを食べていたと解釈するのは、縄文人の理解をはなはだ皮相なものとしかねないであろう。縄文人の個性的な本質を見ずに、たとえば弥生人あるいは現代人のグルメと同等にみなしてはならない。俺は若い頃、猫を食べたことがあると得意顔で口にする人を見聞きはするが、だからといって日本人は猫肉を食べていた文化・習俗をもつとは言わない。

イヌの骨も人骨もともに同様に貝塚のなかに散乱した状態を、直ちに食い散らかしたせいなのだと結論付けるのは、あまりに単純な思考的回路にすぎなかろう。そして大間違いである。遺跡の中のモノの出土状態、遺存状態には、さまざまな背景、経過があったのである。埋葬された墓穴が、なんらかの事情で破壊された結果とも見られる。長らく住み続けているうちに、新しい竪穴住居や貯蔵穴その他の施設が造営された影響と考えられる。あるいは、野生動物はもとより、イヌもまた死を間近にすると人前から姿を隠す習性がある。だから家の中で飼ったり鎖でつなぎ止める以前の、放し飼いの時代には、死期を悟ると人知れず姿をくらますことが多かった。それにもかかわらず、散乱骨になってまでも、貝塚に残っているのは、その当時、はじめから縄文人のムラの中で死ぬまで居座ることを保障され、最後は埋葬された事情をこそ物語っているのである。

それほどに縄文人とイヌとの信頼関係は並々ならぬものがあった。たんに可愛がる対象として自分達の傍らにとめおくのではなく、ときには大怪我するほどの危険な狩猟を共に敢行するという日常ゆえの強い仲間意識の絆で結ばれていたのだ。現代において異常なほどに熱い思い入れを注ぐ対象としてのペットの意味との差が歴然としている。縄文人とイヌとがほとんど対等と言っていいほどの関係にあったのとは対照的に、いわゆる今日みる動物愛護運動につながるペットは、対等というよりは、むしろ一方的に愛を注ぐ対象とされているのである。

日本だけでも毎年五〇万頭のペットが死んでゆくが、それぞれの死に別れに耐え切れず、長い間立ち直れない人が最近急激に増えていて、社会的な問題ともなっている。大切にしていた玩具をなくして悲嘆にくれる、あの幼児性以外の何ものでもない。私も膝の上で息を引きとった猫に涙が止まらなかった思い出がある。とにかく自分の心をささえてくれるモノとしてのペットの死（ペットロス）を容易には乗り越えることが出来なくなってしまうのである。あるいは、現代においては赤の他人の死は、まさに他人事で我関せず、親子親戚友人といえども、形式化された葬儀に終わる日常性が、相対的にペットの死の悲しみを、低くなった人のレベル並みに底上げしてきたのかもしれない。

2 イノシシ

シカ、イノシシは食料としての狩猟獣の代表格である。これが高山地帯ではクマ、カモシカとなり、北海道ではエゾシカとヒグマである。獣類は食用だけでなく、牙、角、骨、毛皮などさまざまな道具の材料としての利用においても筆頭格であった。

とくにクマ、イノシシには特別な意味を思わせるものがあり、ほかにイヌ、サル、海獣その他がある。それらのある種は、土偶同様、土製の塑像に表現されたり、土器の文様として描かれたりする場合がある。そうした動物のイメージが表現されるのは、後期旧石器時代に始まる洞窟絵画やヴィーナス像、動物像と共通する心性にかかわるところがあると思われる。

本州縄文人が、終始密接な関係を維持していたのはシカ、イノシシである。北海道縄文人とクマの関係に対応する。もっとも、シカとイノシシとは本州縄文人との関係において、決して同等ではないというよりは、むしろ大きな違いがあった。どちらかといえば、イノシシの方が縄文人のいろいろな舞台に登場する場面が圧倒的に多い。その徴候の始まりは、縄文前期に遡る。関東地方の諸磯《もろいそ》式土器様式の波状口縁の項部に明らかにそれと判る写実的なイノシシの頭部が表現される（図15）。分布の北限は山形であるが、西日本までは及ばない。

図15　イノシシ形の把手（群馬県安中市中野谷松原遺跡　安中市教育委員会所蔵）

中期になると、例は極めて少ないが、中部地方の勝坂式土器の突起や釣手土器に立体的なイノシシが付いたりする。

後期には、土偶の隆盛のなかで、イノシシ土偶（図16）が登場する。関東から東北にわたる東日本全域に分布の勢いをみせるが、中部北陸以西の日本海側にはない。この時期、イヌ土偶やサル土偶、海獣土偶などのイメージ造形があるのにもかかわらず、シカ土偶のない点が注意されよう。イノシシと並んで縄文人のすぐ身近にいたのに、扱いは同じではなかったのである。縄文人との関係に明らかな差があったことを意味する。また、後期前半の東北地方には、狩猟の様子を描いた、いわゆる狩猟文土器も知られているが、そこに表現された、弓で狙われている四足獣もまたシカではなくイノシシとみられる。

とくに、イノシシについては早期の段階から飼育されていた状況証拠があり、注目される。ある意味ではイヌ並みに次ぐかかわりがあった。たとえば、火山島である伊豆諸島にはもともとイノシシは生息していなかったはずなのに、遺跡から骨が相当量出土している。暴れん坊のイノシシを丸木舟に乗せて連れて行くのは容易なことではない。それを可能としたのは、仔イノシシに目をつけ、一度に相当の頭数を運んだからであるに違いない。飼育して、十分に太らせてから食すれば効果は上々というわけである。結局、イノシシの飼育の動機は、シカと甲乙つけがたいほどに縄文人の口には美味な肉の確保にあったのではないかと考えられる。シカよりも雑食の性癖もまた飼育には有利に働いたことは想像に難

図16　イノシシ土偶（青森県弘前市大森勝山遺跡　弘前市立博物館所蔵）

くない。さらに、イヌの飼育という経験も大いに役立ったに違いない。

津軽海峡は動物の分布の上で越えることのできない境界線となっている。いわゆるこのブラキストン線は本州のイノシシの北上を妨げてもいる。ところが、生息していないはずのイノシシの骨が遺跡にのこされており、とくに牙をわざわざ持ち込み、釧路市緑ヶ岡遺跡の墓に副葬されるほどの特別な価値を与えている。また、渡島《おしま》半島の日ノ浜《ひのはま》遺跡には胴体に横縞模様をつけたイノシシ土偶が知られており、仔イノシシ特有の、いわゆる瓜ン坊を写したものと解釈できる。仔イノシシへの特別なまなざしを思わせる。

実は成獣には例がないけれども、仔イノシシに限っては埼玉県神明《しんめい》貝塚その他にていねいな埋葬例が知られている。イヌの埋葬行為はヒト並みの扱いが見られ、イノシシは少なくともイヌ並みに扱われたことのあったことがわかる。

ところで、かねてより縄文人のイノシシの飼養問題に関心を寄せていた山梨県の小野正《まさ》文《ふみ》は、庭に迷い込んできた仔イノシシの餌付けから飼育を試み、いろいろ興味ある観察を報告している。とにかく、人間に対する警戒心を容易に解き、極めて深い親密性を表わすことが知られたという。しかし、イヌに「しつけ」できる程度でも、イノシシを従わせることは全く出来なかったということである。新潟県立歴史博物館で縄文ムラのジオラマに仔イノシシの鳴き声が流れるのも、あながち荒唐無稽ではなく、むしろ往時の光景を彷彿させる効果として上首尾と言えるかもしれない。

3 シカ

シカはイノシシと並んで大いに食され、鹿の角とともに骨が道具作りの材料としても大いに利用されていた。しかしイノシシほどには縄文人は鹿のイメージを表現していない。稀有な例として、北海道臼尻《うすじり》B遺跡の縄文中期の土器胴部にシカの線描きがある（図17）。

図17　土器に描かれたシカ（北海道函館市臼尻B遺跡　函館市教育委員会所蔵）

釧路市にはシカの横顔の線刻例があるが、これについては縄文時代の所産とする決め手はなく、刻線は鉄器による可能性がある。それにしても、イノシシのように土製品もないし、土器突起にも表現されることはなかった。それだけ縄文人はシカを気にかけていなかったことの現われかもしれない。しかし少なくとも、シカはイノシシとは全く異なる縄文人とのつながりのあったことは紛れのない事実である。

なお、宮城県沼津《ぬまづ》貝塚からは、鹿角の奇形例が発見されている。シカにかかわる特別な観念を反映するものであったのか、それともただ尋常ではない珍しい形態に目をつけて保持するに至ったのか、重要な問題であるが、判断できない。少なくとも奇形、破格に対する好奇心に由来するのであろう。

4 クマ

北海道の縄文人にとって、最も身近な動物の代表格はエゾシカ、ヒグマである。ちょうど本州におけるイノシシ、シカに匹敵する。

早期には、高度に発達した石刃技法を特色とする、いわゆる石刃鏃《せきじんぞく》文化には、帯広市八千代A遺跡で土製のクマの頭、標茶町《しべちゃちょう》二ツ山遺跡では軽石製の頭部のそれぞれ一点ずつ計二例が知られている。いずれも一見してクマを思わせるほどの写実的なつくりである。しかし、このクマ像に後続なく、周辺地域にも普及しないままに消えた。せっかく、石刃鏃文化とともに大陸から伝来しながらも結局はしっかりと根付かなかったというわけである。しかしながら、クマに対する特別な観念は明瞭なかたちの上では表面に現われないが、少

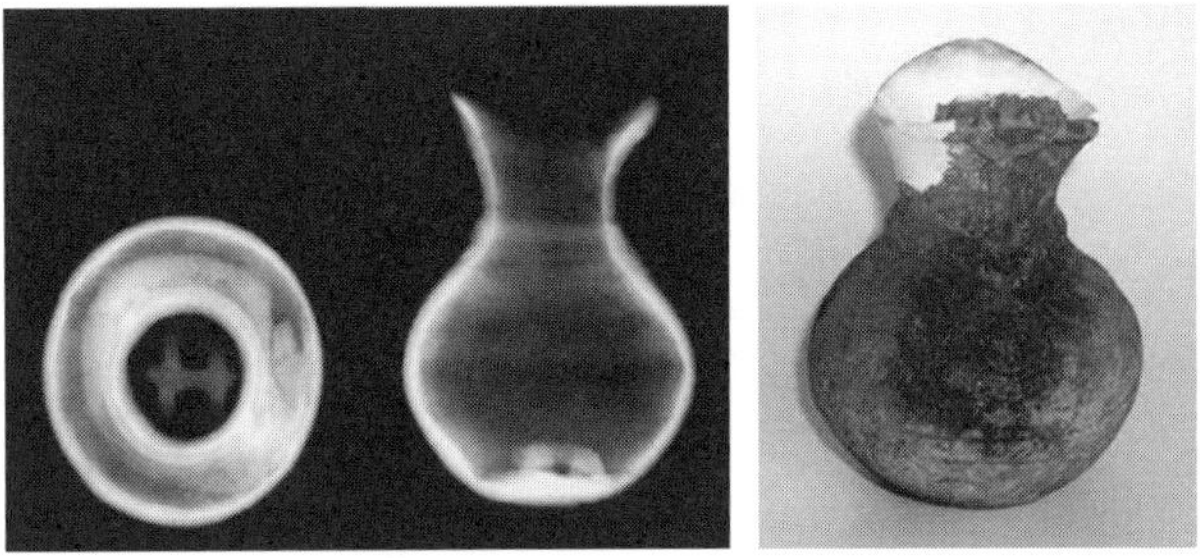

図18　壺底のクマ（左：壺のＸ線写真　右：壺の外観　青森県青森市近野遺跡　青森県埋蔵文化財調査センター所蔵）

なくともこのとき以来、縄文文化の一要素に着実に組み込まれ、根強い伝統を維持していたと思われる。

つまり、いったんクマは縄文世界から無縁になったかのようにみえる期間が前期から中期へと約三〇〇〇年以上も続くが、後期に入ると再び、クマが姿を現わす。とくに津軽海峡に面した青森県側に顕著となる。土器口縁部の突起や石皿の縁に彫刻されたものがある。とくに注目に値するのは、壺の底に四足を踏んばった恰好の立体像がつくりつけられたものである（図18）。壺の頸はすぼまっているから、内部を覗き込んでも、暗くてちゃんとクマのかたちが見えるわけではないのに、その事実を承知しながら底に潜ませているのには、相応の意味がこめられていたことを物語る。土器を引き立てるための装飾目的ではない、縄文人の心のうちを表現しているのだ。

さらに時代が移り、弥生文化に併行する北海道の続縄文文化の土器の突起や鹿角製のスプーンの柄頭などにも盛んにクマの頭部が表現されたりしている。この潮流は、アイヌ文化の中の重要な文化要素の一つ、熊祭＝イオマンテの思想に繋がってゆくのである。

その間、樺太半島方面から南下してきたオホーツク文化においても、クマの彫刻品がある。縄文文化に深く根差したクマにかかわる観念の、時代を超えた伝統のたしかな存在意義が改めて注目されよう。

クマにまつわる特別な観念は北海道や東北北部に収まるわけではなく、ユーラシア大陸の少数民族の間にも広く認められるものであり、日本列島文化あるいは縄文文化の汎国際的な普遍性をよく示している。春成秀爾の研究がある。

なお、本州にもクマが生息しているが、北海道のヒグマとは種が異なり、ツキノワグマである。カモシカと同様に高山地帯、深山幽谷を棲家とするため、食料としてもシカやイノシシに比較すると利用は低調であり、それだけ本州縄文人との縁は相対的に薄かった。クマとの関係を示唆するイメージが東北以南にはほとんどみられない大きな理由と考えられる。

5　ヘビやカエルその他

縄文中期には、土器にヘビの表現が目立つ。頭部をマムシ特有の三角形に仕立てたりする。とくに勝坂式土器様式に、写実的なものから抽象化したものまでがみられる（図19）。なかには粘土紐を貼りつけてヘビらしくしたりしている。その表現方法を延長すると、曲線文や渦巻文のあるものはヘビを抽象的に表現した一種究極のデザインなのかもしれない。そうだとすると、一見してヘビと判るような表現ではない。さまざまな曲線の多くは、ヘビのつもりだったのかもしれない。また長野県藤内《とうない》遺跡には、頭上にとぐろを巻くヘビを表現する土偶がある。

カエルを思わせるデザインもある。例によって中期の勝坂式土器様式にある。とくに太鼓の可能性が想定される有孔鍔付《ゆうこうつばつき》土器の胴部に四足を踏んばった恰好に表現されている。類例がないので、間違いなくカエルとは断定できないが、少なくとも北海道東部の続縄文やオホーツク式土器のカエルの表現は写実的で、迷わず、カエルと見立ててよいだろう。

ヘビとともに、カエルにまつわる伝説、物語は世界的にも多く、縄文人の世界にも登場

図19　顔面把手とヘビの表現のある土器（長野県岡谷市榎垣外遺跡　岡谷市教育委員会所蔵）

していた可能性は十分にある。

亀形土製品が東日本、北海道の縄文後期に出現する。たしかに亀を思わせるつくりがあり、なかには手、足に見立てることができる表現がみられる。しかし、類似品に鰭《ひれ》を思わせるフリルをつけ、アザラシなどの海獣と似るものがある。いずれも、本体は中空で、一端あるいは中央部辺に孔が穿けられる。息を吹き込むと音がでるが、楽器、鳴器としての用途があったかどうかの判定は難しい。小形の粗製品があり、その場合は、中空ではなく、板状を呈したりもする。

北海道桔梗《ききょう》2遺跡には、同様に中空のつくりで、極めて写実的なシャチが知られている。亀形土製品の抽象化された形態とは明瞭に区別されるものの、あるいは関係品ともみられないことはない。

❖ 11章

交易

1 資源の入手／確保

人間が生きてゆくということは、まず、肉体の維持を前提とする。そのために、食物を探し求めては辺りに眼を配り、見つけたら口へと運ぶ。満腹したら一休み。しかし、その場で食べ尽くすと、他にないかと眼を光らせ、視野にないとなれば、歩いてありつく所まで移動する。人類文化の第一段階以来の基本である。

食物を入手するには、文字通り手を使う。やがて、入手の効率や利便性を求めて道具を使用するようになる。道具のはじめは、まさに手の運動の延長線上にある。当初、身辺で目に付いたものの中から、大きさや長さや重さや硬さや柔軟さ、そしてカタチなどを見つくろって道具に転用した。自然界にある状態で、そのまま道具になるものは多くない、というよりも極めて少ない。適当なものが見つかるまで、探し続け、願い通りのものがなければ、次善のもので妥協する。妥協には、常に不満がのこり、どうしても効率上、利便上で思わしくない場合には、意中のイメージにより近づけるために、手をかえ品をかえて、とにかく道具としての働きが期待できるカタチを実現する努力に一歩大きく踏み出す。道具使用の歴史における最初の画期的事件であり、約二五〇万年前には始まっている。手をかえとは、折ったり、割ったり、剝いだり、磨いたりなど、自然界から探し出した素材に干渉を加えることである。品をかえとは、石をはじめ木や骨や角その他の材料である。アフリカのカフ文化に代表される礫器の一群が、いわゆる加工して道具に仕立てられた最古に属する。手頃な礫を打ち割って、刃を作り出している。ボノボには礫を台にして、握った礫で木の実を割る知恵がみられるが、大きさやかたちや握り具合を気にかけながらも、加工して変形する行為は見られない。

こうしたことが、旧石器時代すなわち人類文化の第一段階初期からしばらくの間における食物摂取ならびに道具使用にかかわる一般的事情である。このときそこには、ささやかな効率性や利便性向上への気運が秘められていた。

とにかく、口に入れる食物や道具用の材料の種類によっては、身辺あるいは日常的行動領域内には全く存在しない場合がある。そのときは、入手をあきらめて我慢するしかない。

けれども、なかなかあきらめようとはしないのが、生まれついての人間の業である。あくまで目的達成のために何かと工夫しては別の手段に打って出る。

まず第一に、日常的行動領域にないのであれば、領域を抜け出して、求めるものがある場所まで辿りついて直接入手する方法をとる。第二には、現地まで赴くことなく、他の隣接集団の手を通して、頒《わ》けてもらう方法がある。

第一の方法では、自分の足にまかせて移動するのであり、いわば直接的な身体運動にかかわる。それに対して、第二の方法は他集団との接触と合意を前提とする優れて社会的な行動にかかわる。旧石器時代には、第一の方法を専らとしていた。ここに遊動的生活様式の本来の姿があった。

第二の方法は、少なくとも人類文化の第二段階以降に顕著となる特徴的な社会現象の一つである。日本列島では縄文革命以降にはじまり、主流となる。あるいは、対象物によっては第一段階にも遡るかもしれないが、はっきりしない。いずれにせよ、ムラの周囲に広がるハラ=生活領域からは調達できない場合の打開策としての交易問題である。

縄文時代における内陸部の集団は、交易によって初めて海産資源の入手が可能となる。いずれの縄文集団も、ムラとハラの生活で完結するのではなく、精神的にもヤマの向こうに広がるまだ見ぬ土地をはじめヨソのムラの集団や資源に対する関心を高めながら、ときには積極的な交易活動を展開していたのだ。こうしてネットワークが張りめぐらされ、相互の関係は緊密の度合いを強めていった。生まれ育ったムラの生活領域を超えた縄文社会を形成するのだ。

交易の隆盛が、ヨソ者同士の具体的な往来、交流を促したのは蓋《けだ》し当然である。往来、交流が偶然性、一回性で終わることなく、ときに世代を超えて回数を重ねるにつれて、おのずからきまりが成立し、暗黙の不文律から一定の社会的契約が整えられていったとみることができる。

社会的契約によって整備されたネットワークに乗って往来するのは物質資源だけにとどまるものではない。またそれぞれの生活舞台で獲得された、動・植物など自然一般に関する知的情報だけでもない。重要なのは、各々の情報にまつわる価値のやりとりである。その蓄積が、価値観の合意に根差した世界観の共有である。共通認識に裏打ちされた相互理解と仲間としての一体感の醸成である。こうして、日常生活に密着した縄文土器のかたちや文様などの表現形式を通して、日本列島全域に縄文世界観は張りめぐらされるに至った。まさに縄文列島の成立である。

2 食料

食料事情はどうであったか。現今においても、グルメ筋は金に糸目もつけずに、遠隔地も厭わず入手に執着する話題を耳にする。多少とも本題からはずれるかもしれないが、東京都東京大学構内の加賀藩の上屋敷《かみやしき》跡において日本海産のタラの骨がゴミ捨て場から出土していて興味を引く。クール宅急便のない時代にもかかわらず、前田侯は郷土の味をなつかしむあまり、はるばる取り寄せては賞味していたらしい。果たして縄文時代では、遠隔地からの〝お取り寄せ〟は全く出来ない相談だったのであろうか。

遺跡からの食物の残滓《ざんし》の発見は滅多に期待できない。軽うじて、貝塚や洞窟遺跡に遺《のこ》る断片的な資料から食料事情の一端が窺われる。とくに植物質の食料の出土例ともなると、炭化物や低湿地遺跡の場合にのみ遺存する数少ない例があるに過ぎない。従って、食用に供された種類の全貌は全く知り得ないため、食物入手に関する具体的な実態は憶測の域を出ない。

常識的にみて、山の民は海産物を、逆に海の民は山の産物を相互に都合つけていた可能性は十分あったと想像される。新潟県室谷《むろや》洞窟は日本海岸から阿賀野川とその支流へと遡ったところに位置するが、海産のヘソアキクボガイとアサリが出土している。しかしながら、とりわけ鮮度の足の早い貝類はもとより、海産物の採りたて、獲りたての新鮮な美味を口にすることは、遠方の人には適《かな》わぬ相談である。日持ちせず、腐り易いという避け難い障害の克服は容易でない。この問題解決には、腐敗を遅らせたり、長期保存に耐える特別な処理加工が必要とされる。乾燥による干貝や干肉をはじめ燻製《くんせい》は代表的なものとなるであろう。

ほかに発酵食品の有無の問題は極めて興味深い。北アメリカ北西海岸の人々の間には、イワシに似たローソク魚の独特な発酵品を持っている。その凄まじい臭いを避けて白人の探検隊は一マイル先から迂回したというエピソードさえある。伊豆諸島名物のクサヤが思い出される。

保存加工に有力な助けともなる塩作りの詳細は不明であるが、少なくとも霞ヶ浦一帯や仙台湾などで、後期末から晩期にかけて土器製塩が行われていた。その当時の製塩土器が海岸集落だけでなく、相当の内陸からも発見されるところからみて、塩が容れ物ごと運搬されていた事情を物語る重要な交易品の一つであったことは確実である。

早期には、アナダラ属の繊細な鋸歯《きよし》状のデコボコを呈する腹縁を押しつけたり、ロッキング運動させたりして文様モチーフを表現する貝殻文系土器様式が南九州および北海道から東日本一円に分布している。その後も前期や中期や後期にも文様の一部に貝殻文の採用がみられる。それらいずれの様式も、貝の獲れない山岳地帯にまで行き渡っている。土器表面を飾った施文具としての貝殻が、果たして肉つきで遠方までもたらされたものか、中身抜きなのかどうか興味深い。

なお、食料全体に最も大きな割合を占める植物性食料については、ほとんどがムラの周囲に展開するハラで賄われていたものと推定される。稀にハラの先まで足を延ばしてヤマに入ることもあったであろうが、その場合でも他の集団、ヨソの集団の手を借りることなく、やや遠出の旅で間に合わせていたとみられる。ましてや交易のネットワークに頼るほどの特別なものは、流通経済発達以前の民俗事例にもほとんどみられない。動植物食の多くが、新鮮さが勝負どころであった当然の理由にもよるのであろう。

3 道具の材料(黒曜石)

石器の材料などでは原産地などが限定された鉱物質資源が問題となる。その入手方法についてはそれぞれの領域内で調達する食料資源の場合との共通性もあるが、種類によっては自領域外の遠隔地から入手するなど明らかに次元の異なる要素がある。

石器のなかでも最も一般的な石鏃作りにも、石材のこだわりが認められる。黒曜石、頁岩、安山岩などが代表的であり、前者は東日本と九州で人気が高く、西日本では安山岩が筆頭である。頁岩は東北地方で人気が高い。時期によっても流行り廃りがある。

北海道、長野県、佐賀県内の黒曜石原産地は旧石器時代以来の注目銘柄である。黒曜石については縄文時代の土中深く掘り込んだ採掘坑があちらこちらで複数箇所確認されている。つい最近では、奈良県下のサカイ、平地山《ひらちやま》遺跡において安山岩の採掘坑が発見された。なお、北海道白滝《しらたき》や置戸《おけと》の良質の黒曜石は、全道に普及していたばかりでなく、本州はもちろん、さらに樺太やはるばるシベリア沿海州にまで運ばれている。佐賀県腰岳《こしだけ》産黒曜石も良質で、海を越えて朝鮮半島に渡っている。黒曜石であっても、原石の大きさや質の程度によって大分県姫島《ひめしま》や島根県隠岐《おき》島、鹿児島県、青森県、秋田県、栃木県、新潟県、静岡県などは、原産地からそれほど遠くまではひろがらず、地元を中心とする、やや局地的な消費にとどまり、広域交流のネットワークには乗らないのが普通である。もっとも青森県深浦《ふかうら》産の黒曜石が、長野県や新潟県方面にまで運ばれてきているのは、黒曜石自体のヤリトリを超えて、人同士の付き合いというもう一つ重要な意味にかかわるのかもしれない。

図20　縄文時代の黒曜石採掘（長野県長和町立黒耀石体験ミュージアムのジオラマ）

石鏃や石槍などの打製石器には、黒曜石や安山岩以外でも十分に用が足りるのであるが、何よりも縄文人の強いこだわりが窺われる。特定の石材に実用性を越えた価値が付与されたためであり、精神文化にかかわる問題が含まれている。まさに今日風のブランド指向と重なるところである。

長野県鷹山《たかやま》遺跡の採掘坑（図20）は、現在も斜面のあちこちに点々とクレーター状に窪んでいて、その存在を容易に確認できる。発掘調査が進められており、次第にその内容が明らかにされつつある。

一箇所の窪みを発掘すると、その窪みの内側にいくつもの採掘坑が近接し、古い坑を新しい坑が切りこんでいる様子がわかる。つまり、一つの窪みは、同じ箇所において幾度も掘り込まれた採掘坑の集合体なのだ。この事実は、各地からはるばる遠征して来た集団が決まった場所を掘っていた事情を反映するものと思われる。つまり新たに掘ろうと思えば、まだいくらでも空いている場所があるのに、手出しすることはなかったのだ。あるいは出来なかったのだ。おそらくこの鷹山原産地には各地から来た遠征隊は、てんでに好き勝手な場所を掘り込むことは許されない、一定のきまりがあったのであろう。自己規制ではなく、それ以上の互いの合意に基づく採掘活動であり、混乱を避ける有効な方法がとられていたとみられるのだ。あるいは、規制を徹底する統括的役割をもった集団がいた可能性が高い。その任に当たったのは、地付きの集団であり、普段から管理しながら全体の採掘権の調整役を演じていたものとも推定される。あるいは黒曜石の優れた性質を積極的に宣伝し、遠隔地にまで周知させるための演出さえ展開していたことも予想される。採掘のために集まった集団は各々が与えられた地点をはみ出ないことで、自らの採掘権を他集団にも認知させ、自らも他集団の採掘地点への侵入を自制する。それがきまりの枠組みの基本であったとみることができる。

こうして黒曜石は、原産地への派遣隊によってムラに持ち帰られたのであろう。それならば、直接入手手法だけであったのかというと、そうとばかりはいいきれず、もとより派遣隊は複数集団の代表で構成された連合体の場合なども考えられる。また派遣隊が帰村後に、他の集団に手渡され、リレー方式での手づるの利用もあったのではないか。とにかく、物資の交流には、幾つかのバラエティーがあり、いずれも、社会的合意を前提とするものであり、縄文社会の成熟の度合とも相俟って重要な問題である。

ところで、群馬県天神原《てんじんばら》遺跡には、原産地から持ちこまれて来た黒曜石の塊が三六個かたまって出土している。東京都多摩ニュータウン遺跡その他にも同類がある。交易あるいは遠征隊が持ち帰った荷が下ろされたまま使用されずに残ったのだ。あるいは、それほど単純ではなく、黒曜石を所有する者、使用できる者が特定されていて、他者には知られないように隠匿したものが、未回収のまま残ったのかもしれない。または、しまいこんだ張本人が不慮の死などで、他の誰にも知られないで結果的に残ったという経緯など、いろいろな事情が考えられる。

石材については、ほかに磨製石斧用の蛇紋岩なども流通品としての代表格である。この場合は原材料ではなく、むしろ製作集団からの製品の入手が普通のようである。

4　アスファルト

天然資源のもう一つは、秋田、山形、新潟の日本海側の油田地帯に産出するアスファルトである。土器の破損を修繕する際に接着剤として用いられる。また石鏃を矢柄の先端に装着したり、鹿角製の銛先に石鏃を固定するのに利用された。前期以降、とくに後、晩期には脊稜《せきりょう》山脈を越えて太平洋岸など遠方まで普及している。前期の北海道磨光《まこう》Bではアスファルトの大きな塊が二点発見されており、津軽海峡を渡って辿り着いている。大きな塊の意味するところは、さらに遠方に供給されようとしていた可能性も考えられる。そうなると、交易ネットワークは原産地などの中心から各地に放射状に延びていたカタチではなく、中継地点あるいは中継するムラもまた重要な役割を演ずる複雑なネットワークが想定される。縄文社会の構造的しくみが浮かび上がってくる。

5　特産品(磨製石斧・耳飾)

交易に関して、天然資源の原産地との関係とは別に、製品の流通問題がある。

富山県境A遺跡(中期)では、平箱単位で数えるほどの蛇紋岩製の磨製石斧、その未完品、破損品、原石がある。神奈川県尾崎《おさき》遺跡もまた、磨製石斧の代表的な製作地であり、多数の未成品が残されている。並べて眺めると製作工程がよく判る。また、新潟県元屋敷《もとやしき》遺跡は後、晩期であるが、硬質砂岩製の磨製石斧、未成品、破損品など一万点に及ぶ膨大な数がある。自分のムラだけでは到底使い切れる量ではない。つまり他の地域集団への頒布を念頭に製作していたのであろう。大量の製作に必要な人員と時間の投入は相当なものであり、いわばそのムラにとっては重点的作業として大きな意味をもつ。縄文社会のしくみにかかわってくる問題ともなる。因みに、同時期の新潟県藤橋《ふじはし》遺跡では、沢山の硬質砂岩製の磨製石斧が出土しているものの、未成品はない。自給自足ではなくヨソの集団から入手していたことを物語る。

同様な観点からすると、晩期の千葉県余山《よやま》貝塚のサルボウ製貝輪も注目される。東京大学総合研究博物館をはじめ広島県生口島《いくち》の耕三寺《こうざんじ》や茨城県立歴史館など三機関に保管されている量をみると、平箱にぎっしり詰めて一五箱以上が採集されている。大部分が貝殻の中央部に大きく孔を開けた状態であり、続いて磨き工程を経た上で大量の製品に化ける寸前のものである。その作業が引き続き行われようとしたのか、それとも半成品を出荷しようとするものであったのか。興味深い問題である。

　前期に遡ると、滑石《かっせき》地帯に登場する玦状耳飾《けつじょうみみかざり》の製作遺跡がある。富山県極楽寺《ごくらくじ》遺跡や長野県青木《あおき》湖《こ》周辺の遺跡では、滑石を入手し易い土地の利を生かして、大量の製作が行われ、完成品、未成品、そして失敗作など夥しい数が発見されている。

　群馬県下の千《ち》網谷戸《あみがいと》、茅野《かやの》遺跡では、晩期に精巧な土製耳飾を大量に出土している。数の上での第一位は、長野県エリ穴遺跡であり、二七〇〇点を超える。ムラの住人用には余りある。その分配には、単に耳飾の需要に応えてのことなのであろうか。それとも、与える側と与えられる側というような、より高次の社会的問題にかかわるのであろうか。縄文社会にとっては極めて重大な意味をもつのである。

　つまり、もののやりとりは、単なる不足品の補完や対等の物々交換では済ますことのできない、縄文時代の社会組織の性格あるいは縄文社会の維持の問題にもかかわってくるのではないかと思われる。改めて、この問題を正面に据えて取り組む必要がありそうである。

それによって、縄文社会の解明は一段と進むはずである。

6　ヒスイ製玉類

さまざまな特産品の中でもヒスイはとりわけ特別な存在である。第一に、その原産地は富山県寄りの新潟県糸魚川《いといがわ》市の山中一箇所に限られていて、北海道、長崎などに類似品はあるものの、他にはない。そのくせ縄文列島全域に広く行き渡っている。第二に、これまでいろいろな種類の石器材料として利用されてきた石材とはまるっきり異質の特色をもつものである。つまり、いわゆる身体装飾品に使用されてきた同類の滑石などに比べて、歯が立たないほどの圧倒的硬さを誇る。入手が困難で、かつ加工が容易でない。いかにも玉類の材料としては極めて不利な代物というわけである。それにもかかわらずヒスイに執着を示してやまないところに問題がある。それほどの事情あってのこととせねばならない。たしかにヒスイの色合い、輝きは美しく魅力にあふれている。しかし、どれほど感性に訴えたとしても物理的に不利な条件を簡単に払拭することは到底できない相談である。それを超えさせたものとは一体なんであろうか。

とにかくそれほどの悪条件を備えたヒスイを、縄文人は結局モノにして、みごとな玉《ぎょく》に仕上げたのである。それまでの玉類といえば、主として滑石を材料としていたのである。硬度が一という柔らかさで、成形、研磨はなんの造作もなく、独特な玦状耳飾を発達させ、全国に普及させた。ところが、ヒスイともなると硬度は六・五から七というダイヤモンドの一歩手前というもので、これを彫琢、研磨し、しかも穿孔《せんこう》するのは大変である。木島勉《きじまつとむ》の実験でも、一心不乱に作業してもようやく一時間で一ミリメートル前後にすぎず、掌《て》の皮がむける痛さに泣かされる。効率の悪いこと甚だしい。玉の材料としては、普通の常識では最悪あるいは問題にならない。そもそも、効率性の追求こそが古今東西に共通する人間本性の一般的原理原則である。縄文人もまたご多分にもれず、常日頃効率を目指していたはずであるのに、ヒスイを玉の材料に選び、しかも拘泥するのは、日ごろ心がけていた効率化指向に明らかに反する。

具体的な理由をはっきりと知ることはできないけれども、縄文人が辿ってきた長い歴史、経験の蓄積から醸成された総合力の意外な表われとしか言いようがない。

7　ヒスイの加工

不利な条件や障害があると、諦めてしまうかといえば、そうではない。かえって克服しようと闘争心をかき立てられるのが人間である。その人間縄文人の精神もたしかにヒスイに対して働いたとみる。どうにも手に負えないジャジャ馬を手なずけるのに似ている。その精神がそれまで道具作りの材料としてきた石材とは全く異質のヒスイに遭遇したとき、敬遠することなく、積極的に縄文人の手の中にとりこんだのである。縄文中期の大事件だ。

自然の石ころ状態を変形し、それまで絶えて見ることのなかった大形の垂飾品に仕立てた——硬玉製大珠《たいしゅ》または鰹節《かつおぶし》形大珠と呼ぶ——のである（図21）。続く後期を経て晩期になると、もう一つの新しい、いわゆる勾玉《まがたま》の形を創り出した。クマやオオカミの犬歯に似た形状の独特な勾玉は、縄文人が独自に発明した誇るべきカタチであり、ほかには世界のどこを探してもない。弥生時代以降、古墳時代にも大いに発達し、朝鮮半島の人々の王冠を飾った。歴史時代に入ると、また記紀にみる八尺瓊《やさかに》の勾玉として三種の神器の一つとなり国体の象徴ともなった。しかし、仏像の宝飾に残るが、日本文化の本流からは次第に消

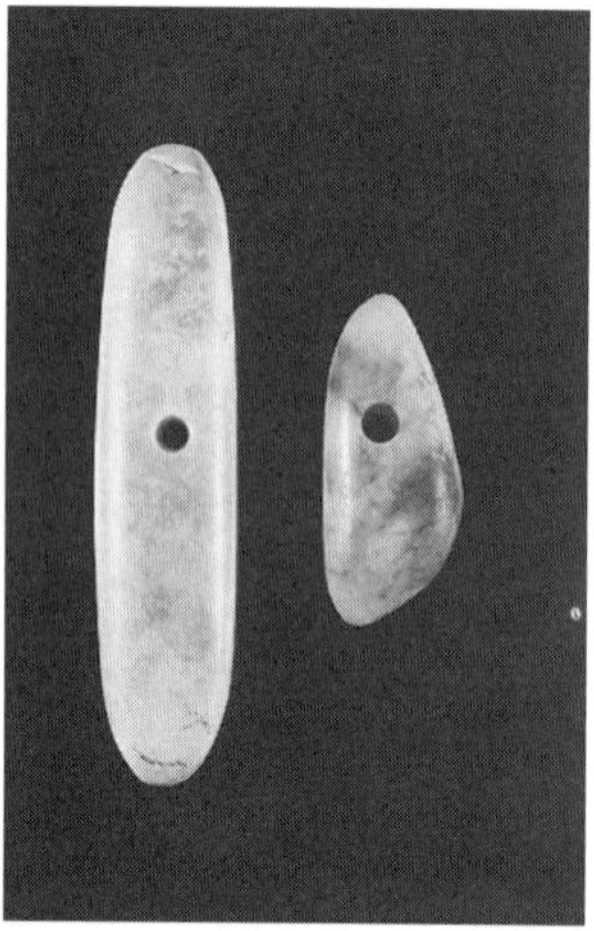

図21　ヒスイ大珠（左：栃木県那珂川町岡平遺跡　鷲子山上神社所蔵　右：同古館遺跡　那珂川町教育委員会所蔵　写真：栃木県立博物館提供）

えてゆく。一方では北のアイヌの人々の、いわゆるアイヌ玉の中に引き継がれ、南西諸島のノロの祭祀具の中に収められてきた。斎場《せーふぁー》御嶽《うたき》の発掘調査で出土した鍍金の勾玉三点のみごとさは耳目をひくものである。

ヒスイをとりこんだ縄文人は成形や研磨とは別にその玉《たま》作りにおいても斬新な技術を発見した。それまでの穿孔は、石製の錐《きり》を用いるものであり、孔《あな》の断面は先細りの漏斗《ろうと》状となるのであったが、そうした旧来の方法ではヒスイに対して全く歯が立たず、いくら時間をかけてもカスリ傷程度の働きさえも期待できなかったのである。しかしそれを克服する技術を編み出したのだ。つまり、鳥の管骨《かんこつ》あるいは乾燥させた笹や篠竹などの中空の錐を用意し、石英の粉末を研磨剤として活用することで、穿孔が可能となるのである。錐自体は軟らかく、それこそ己《おの》が身を削って孔を穿《うが》つのである。この新技術は、錐に硬度を求めるのではなく、中空の形状を活用し、これを回転させながら、ヒスイより硬い石英の粉末をこすりつけて穿孔するのである。

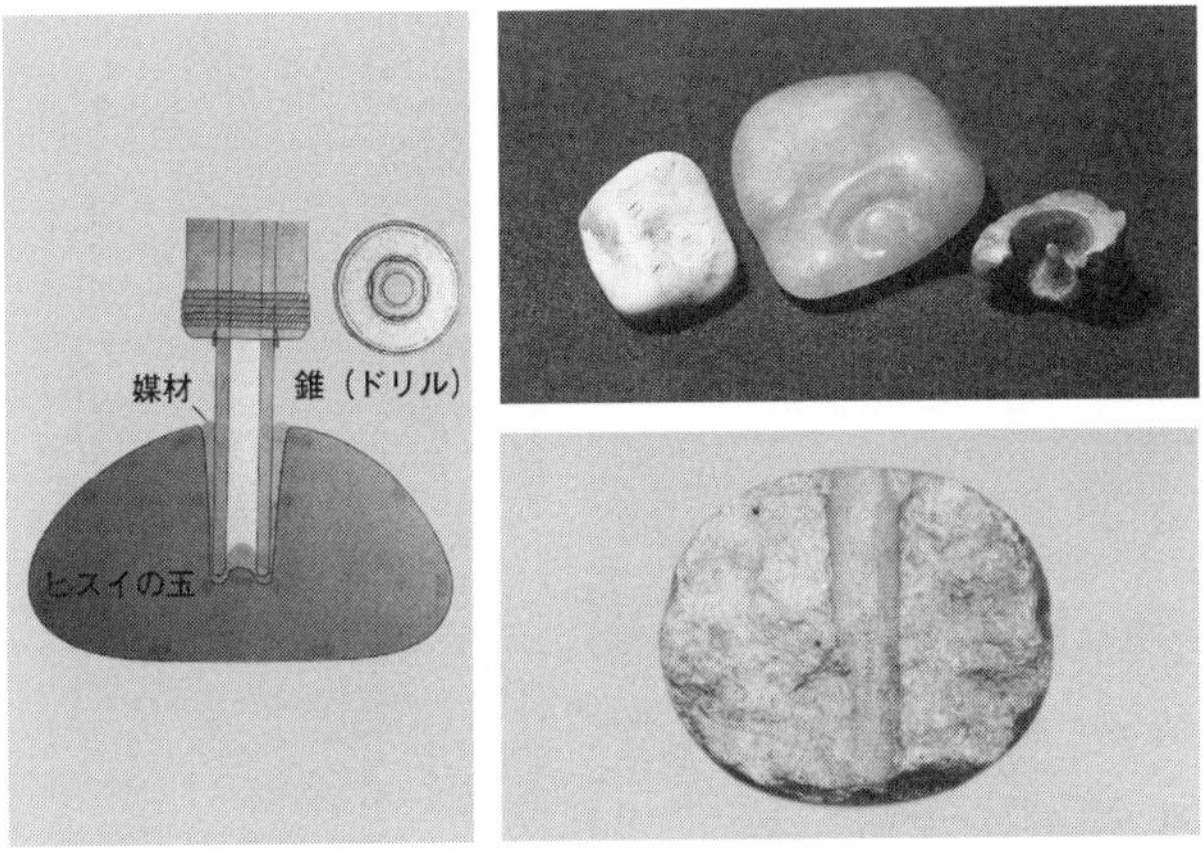

図22　ヒスイの穿孔（右上：管状錐による穿孔途中、ヘソ状の孔
右下：断面の様子　左：穿孔過程の模式図　木島勉提供）

伝統的な穿孔とは、棒状に成形した石の錐を用い、その石錐よりも軟らかい対象物を穿孔するものであった。しかし新技術の真骨頂は、軟らかい錐（管錐）は回転運動の機能だけであり、穿孔は管錐の回転運動によってヒスイに直接干渉する石英の硬さによって果たすというものである（図22）。

換言すれば、ヒスイ穿孔に当たって、開発された新技術は伝統的石錐穿孔の単純な延長線上で実現されたものではなく、回転運動と対象物への干渉との二つの作用の組み合わせ、総合であり、次元の高い画期的な技術として評価されるべきものである。縄文人独自の発明としての漆技術と並ぶ注目株である。

❖12章

交易の縄文流儀

1 「気っぷ」の贈与

ヒスイを発見したのは新潟県糸魚川の原産地周辺を生活舞台とする集団である。前期の遺跡の出土例が報告されているけれども、はっきりするのは中期に入ってからであり、あっという間に全国に普及してゆく。長者ケ原《ちょうじゃがはら》遺跡も寺地《てらじ》遺跡も、ヒスイ原石を大量に溜め込んでいる。発掘すると山ほど出てくる。小さいものから、抱えるとギックリ腰になりそうなほどに大きくて重いものまで全て運びこんでいる。もしも縄文時代が幕を下ろすことなく、現代まで続き、ヒスイの玉作りが続けられてきたとしても、決して在庫は枯渇することはなく、保有し続けることができるほどである。視点を換えると、他集団には手出しさせないぞという決意のほどが窺われるのだ。専有して、交易の元手としたい意向がありりである。

これまでの研究では、ヒスイの特産物を求めに応じて頒布《はんぷ》したのであろうが、その見返りに何を手に入れたのであろうか、という問題に集中してきたかに見える。それが普通の考え方であり、ヒスイに限らず、アスファルトや黒曜石や貝輪《かいわ》の交易についても同様な見方が主流である。たしかに、タダでモノを手に入れることはできず、無償で自分の持ち物を譲ることはしない、という現代の経済社会に身をおくと、ついそうした考え方に傾きがちであろうことは首肯ける。しかし縄文人事情は違う。縄文人の間では、モノのやりとりに見返りを期待してはいなかったのである。

縄文人同士の交易は、モノでモノを得るというのではなく、モノを与えて心を摑むことであった。一方的に気前の良さを見せつけることであった。気っぷの良さを押しつけるのである。

居酒屋で酒を飲むときには、割り勘もあるけれども、顔ぶれによっては、奢る破目になったりする。当然懐が痛んで、後を引くこともある。しかし、心は痛まない。むしろ気分爽快だ。

財布が軽くなって気が重くなるというのではない。いい気分になるというのは何故か。こちらが身銭を切って、実は別の形の見返り、笑顔を期待しているのである。その上、あわよくば対等ではなく、自分が優位に立ち相手はただ酒を飲んで劣位におかれる。ただ酒は後になるほどで効いてくるのだ。そうなって初めてただ酒の怖さを思い知ることがある。親切心や優しさや思いやりだけではない。打算がちゃんと働くのである。ヒスイを贈与することの意義がそこに厳然とある。モノとしての見返りには替え難い、もっと高度な次元の満足を得ることで、つじつまが合ってくるのだ。

マルセル・モースの贈与論は、その辺りの問題にかかわり、今村仁司（『交易する人間』）の考察がある。

持てる者がしまいこんでいて、見せびらかすだけで与えなければ、社会的な評価は得られない。しかも、気っぷの良さだけを売りものにするのではなく、自らを上位と認知させるための御為倒《おためごかし》なのである。一方、贈与される側は、貰う義務がある。拒否していてはいけない。あるいは等価のモノを御返ししてはならないのだ。そうすることは競争心を煽ることになり、上下関係だけでなく、仲間割れにまで発展する危険につながる。だから、その場は、与える義務とともに貰う義務で収めなくてはならない。縄文的義理と人情である。北アメリカ北西海岸のトーテムポールを立てた人々の間にみられるポトラッチ（大盤振舞い）と一脈通ずるところがある。

それにしても、ヒスイの大珠《たいしゅ》や勾玉《まがたま》や小玉《こだま》や、ときには原石を介したやりとり＝交易の成立は、ヒスイに対する価値観、ヒスイの力に基づくのである。ヒスイは決して腹の足しになるものではない。だからこそ、そこに価値を付与し、縄文世界で認知されるのは尋常なことではない。企画・演出する凄腕《すごうで》の存在が予想される。誰あろう、ヒスイ原産地を生活舞台とする集団をおいて他になかろう。天晴《あっぱ》れな技《わざ》というべきである。

演出家の構想は身振り手振り、阿吽《あうん》の呼吸では決してなし得ない。納得させ説得するには、コトバが最大限に駆使されたとせねばならない。縄文日本語は、そうした価値観にかかわる観念的な次元について、語り合うことができたのである。

演出が功を奏するのは、コトバの効用であり、時空を超えて、縄文世界にヒスイの価値観が津々浦々まで行きわたったのである。北は北海道、礼文《れぶん》島まで、南は沖縄本島まで、ヒスイの価値が共有されたのである。

2　縄文時代の商人問題

交易問題に関連して、物の流通に携わった当事者達についての見過ごすことのできない一つの仮説が提起されている。小山修三《こやましゅうぞう》、岡田康博《おかだやすひろ》による『縄文時代の商人たち』だ。つまり、縄文時代に「交易があったことは確実なわけですから、その実務を担った人たちの存在を想定することは当然の流れ」であり、「縄文時代に商人を想定することによって時代の常識を決定的に書き換えられるのではないかと考えます」と気負い立つ。

商人とは、交易、流通にかかわり、物品を扱い利ざやを稼ぐ商取引行為をする人である。通常は専門に従事して商売の利潤で生活する人を意味する。専業かパートタイマーかどうかはさておくとしても、少なくとも利ざやを稼ぐという商人を商人たらしめる性格を考えてみたとき、果たして縄文時代に商人がいたのかどうかという問題は決して小さくないのだ。本当に縄文社会に商人が活躍していたのだとしたら、イメージはもとより、縄文社会の本質はがらりと違ってくる。そもそも商人が生きてゆく社会には、商行為が受け容れられる十分な条件が整っていなくてはならない。縄文社会は、そうした条件の成立以前の段階にあるところにこそ縄文社会たる所以があるのであり、決して商人の生まれ出る気配すらない社会なのだ。あるいは、己《おの》れの性を販《ひさ》ぐ女性の商売の存在すら積極的に主張するけれども、その行為のシルエットは同じであっても、習俗か、商取引の一つと見立てるかは、慎重でなければならない。人間学にもかかわってくるはずである。この基本的な認識なくして、縄文時代に商人がいたというような軽々しい議論には断固たる異を唱えたい。提唱者によるていねいな説明は、縄文に関心を抱く人に対しては当然ながら、世間一般に対しても、どうしても欲しいところである。縄文社会像をゆがめる発信は到底許されることではない。

とくに、縄文人の交易に底流するのは「気っぷ」の良さであり、経済的価値の等価交換や平均化ではないという考え方からすれば、まさに対極にあり、全く賛同しかねる。心地よい酒場での談論風発の後、割り勘で精算に走る今日的光景が思い出されて仕方がない。この問題は重大であり、十分議論を尽くすべきである。いずれその機会を用意する必要があると考えている。

❖ 13章

記念物の造営

1　記念物＝モニュメント

ムラでの生活が進むにつれて、生活が必要とする施設を次々に設ける方向を一途《いちず》に辿った。施設の充実とは、とりもなおさず、日常生活の快適さや効率を実現し、不便さを克服することであった。だからこそ、ムラ空間に施設が増殖しつづけ、必要十分なまでに達するや、その配置などによってムラのスペースデザインが落ち着くのである。住居が占有する居住区をはじめ貯蔵穴や共同墓地やゴミ捨て場がそれぞれに固有の区画に収まる。こうしてムラは一つの型に整備され、公共的広場をムラの中央においた縄文モデル村が完成する。全体が円形の形態をとるところに特色がある。その萌芽は縄文早期の後半期に始まり、前期以降に発達した。

成長したムラは、単なる諸施設の密集ではなく、円形のカタチそのもの、およびムラの諸施設の一定の型にはまった編成によって、自然界には決して存在することのなかった全く新しい空間が誕生した。

ムラ空間の整備は、諸施設の増殖と連動し、やがてムラ空間の中で飽和状態に達する。そのあおりを受けて、もともとムラ空間に存在した自然的要素は次々と駆逐され、断固として人工的色彩に塗り潰されるにいたったのだ。しかし、日常生活にとっての必要十分な施設の種類と数はほぼ出揃い、型通りに配置されても、その勢いは決して終息しようとはしなかった。むしろ縄文人意識、アイデンティティの確認は鎮静に向かうどころか、余勢をかってさらなる主張を目指して、予想を超えた動きを始めた。

日常生活と密接にかかわる諸施設とは、全く性質を異にするモノの創造である。別の言い方をすれば、それまでに発達させて来た諸施設は直接的あるいは間接的にしろ身体の成長と維持および快適さの追求と関係し、効果をもたらす機能を有するものであった。けれども新たに登場したモノは、そうした日常性の機能とはほとんど無縁の性質を有するものであり、いわば腹の足しにならないのだ。けれども敢えて創造されているからには、何も用をなさないモノとは考えられない。しかも、そのモノは後述のごとく、その実現のためには日常的諸施設に比べて数十倍はおろか、数千倍もの人の動員と年月を必要とするのである、というよりも量的な勘定の次元を超えている。つまり、それほどまでに人手と時間をかけるほどの、止むに止まれない必要な機能が意識されていたからにほかならない。

この全く新しいモノこそが、記念物＝モニュメントと呼ぶものである。腹の足しにならないが、その代わりに頭、心の足しになるものである。

記念物は、特有のカタチをもつことで、その存在を主張する。カタチを実現する素材にはさまざまがある。その一は、石を用いて幾何学的形に配置する。円形を主流とするが、楕円形や方形などのバラエティーがある。その二は、土を盛り上げて台状あるいは環状ドーナツ状の土手を構築する。盛土は単純な土壌ではなく、土器や石器などの遺物や、貝塚地帯では食物の残滓物としての貝殻や獣骨なども積みこまれる。その三は、木の柱を立てるもので、円形や方形などがあり、なかには一本立ちや複数を直線的に並べる例がある。その四は、一定の範囲に壕をめぐらせるものである。その五は、石や土盛や柱立て、ときに土坑などを組み合わせたものである。

記念物は、縄文文化開幕当初から登場したわけでは勿論ない。縄文ムラの整備が十分に進んで、日常的な生活と密着した諸施設が一応出揃ってから縄文人が新たに手がけたものである。つまり、縄文時代草創期には未だなく、早期後半に最初の記念物が顔を出す。縄文時代全体の歴史からみれば、ほぼ三分の一を過ぎようとする頃に当たる。

阿蘇山の麓の熊本県瀬田裏遺跡では、約二一×七メートルの長方形に石が並べられている。同じ時期の長野県山の神遺跡でも長方形の石列がある。いずれも規模の大きさからすれば、それほど驚くに足りないが、大石を運び込んで並べるという所業は、どう考えても日常的施設としての用途を思い浮かべることはできない。明らかに縄文人の象徴的観念にかかわる記念物の性格をもつものだ。他にこの古さに匹敵する例は未だ知られておらず、いわば記念物のはしりであり、縄文人の新しい志向の表われの先駆けである。

縄文前期になると、長野県上原《わっぱら》遺跡の細長い大石を立て並べた環状列石がある。ところが同県阿久《あきゅう》遺跡では、一二〇×九〇メートルの環状に自然礫を大量に敷きつめている。効率的な運搬具もなく、人手だけの作業であったことからすれば、完成までの期間は大勢の労働で相当な長期に及んだはずである。また、環状配石の東側には、板状の大石が横たわっていた。これを立ち上げて復元すると、四枚ずつが向き合った石廊のようなカタチとなる。それを見通すと、遠くに均整のとれた蓼科山の頂きが望める按配になっている。もっとも、調査担当者の復元においては、転んでいた石を、縄文人の意図に全く配慮せずに、ただ立て易い位置で起こしているだけなので、結果的には蓼科山の方向が若干ずれてしまっている。

2　三内丸山の六本柱

縄文人は、樹木をさまざまな用途に利用している。なかでも住居の建材は、木製の小道具類と較べれば、長さも太さも群を抜いている。それでもせいぜい径三〇センチメートル以下で間に合っていた。ところが、さらに輪をかけて巨大な柱を立てたりする例が東日本のあちこちで見つかっている。前期の長野県阿久遺跡に始まり、中期以降、後期、晩期にみられる。とくに注目すべきは、そうした巨木柱が住居など通常の建物の建材ではなく、なかにはただ突っ立って並ぶという希代《けったい》なものがある。その目的、正体は皆目見当もつかない。中期の石川県真脇《まわき》遺跡や後期の秋田県大湯《おおゆ》環状列石遺跡では三本、直線に並ぶ。三本を勝手に立てても、直線とはならないから、念入りに三本を見通していたことにほかならない。その方位が指向するところに意味がありそうである。

晩期には、一〇本の巨木柱がほぼ正円に並ぶ、いわゆる円形巨木柱列が北陸にあり、岩手県八天《はってん》遺跡例は後期に遡る。

また三本ずつ向き合って、六本が立ち並ぶものがあり、後、晩期の群馬県矢瀬《やぜ》遺跡が典

図23　三内丸山遺跡の六本柱、冬至の日の入り（青森県青森市三内丸山遺跡）

型である。とりわけ中期の三内丸山遺跡の六本柱は、現代人の感覚からすればまるで常軌を逸するとしか言いようのないものである。

とにかく、径約二メートルの穴を深さ二メートル以上も掘り込んでいる。その穴の底には径一メートルの巨大木柱の根っこが腐りきらずに残っていた。シャベルとてなく、先を尖らせた棒で土をつついてはほぐして、手で掬い上げるというやり方で、それだけの深さは並大抵のことではない。ましてや肝心要の大木を石斧で切り倒す手間のかかることは想像を絶する。一打ちごとに食い込んだ石斧の刃の痕が鱗状にびっしりと伐り口を覆っている。よくみると焦げているのは、木屑を燃やしながら、刃の食いこみを良くするための方法がとられていたことを示唆する。トーテムポールを立てた人々の間にも知られている効果的な工夫である。こうして六本も調達し、それを運びこむ作業も容易なことではない。

その柱を立てる穴の深さが二メートルというのは、それ以下では立てた柱が不安定になるおそれがあったからである。実は現在電信柱を立てるに際して、高さと深さの関係式は、根入りの五倍が高さに相当するとされている。その伝でゆけば、二メートルの深さは、少なくとも一〇メートル以上を支えるために必要であったとみることができる。何日かけていたのか知るよしもないが、今日の井戸掘りを例にとっても、相当なものである。

巨木の調達伐採、枝払い、運搬そして穴掘り、立てる段になっても、さらに人手と時間が必要とされる。こうしたことを考えても、日常的な生活やその延長線上には乗れない大事である。腹の足しになる所業というものは、投入する手間暇に応じた効果を目論むのが普通である。しかし六本柱の建立はその常道から大きくはずれていることが注意されよう。つまり、腹の足しに少しでもなるという次元の話ではなく、全く別のところに意味があったとみるしかない。それは心の足し、頭の足しになることを期待していたのだ。今風に言えば、費用対効果を超越した、縄文人の哲学思想、世界観にかかわるものである。

巨木柱が天を衝《つ》いて、すっくと立ち上がること。六本であること。あるいは縄文人の世界観のなかに見られる整数三が向き合ったり、整数三の倍数としての六の効果。そうした要素がこめられた、記念物の面目をたしかにみてとることができる。

しかも、三本向き合って並ぶ方位は、なんと夏至の日の出および冬至の日の入りとあやまたず一致しているのである。その時刻ならば、柱列の間に放射状のダイヤモンドビームが現出するのだ。それを神々《こうごう》しいと言っても良いかもしれぬ(図23)。

そういう仕掛けについて、夙《つと》に注意を喚起するも、なかなか賛意を示さないばかりか、敢えて床《ゆか》を張ったり、屋根さえつけたりすることに拘泥する有力なグループが依然として六本柱を我が物顔に占拠していて解放してくれない。

実は六本柱の方位と高さには、さらに重要な秘密がこめられており、太田原潤《おおたはらじゅん》の重要な研究がある。いずれの機会にか改めて触れなくてはならない。

とにかく縄文人が二至二分（夏至冬至春分秋分）を彼らの知の体系に組みこんでいた事実を見落としては、縄文人、縄文文化の本質を見誤ってしまいかねないだろう。二至二分は、三内丸山においてだけでなく、各地の縄文人が等しく認識していた知的財産である。このことを縄文人自身が重要視していたからこそ、記念物の造営地の選定から設計にきちんと生かしていたのである。

3　工事の継続性

栃木県寺野東《てらのひがし》遺跡の環状土盛は、直径約一六五メートル、土盛用の土量を確保するために中央部分を掘り窪めている。地表の黒土とその下層のローム層を掘り抜いて、さらに鹿沼土（浮石層）に達して、全体の高低差は約五メートルを測る。この盛土を断ち割ってみると、厚さ一〇～三〇センチメートルの土層が幾重にも積み重なってバウムクーヘンのような縞模様を示す（図24）。この縞模様の枚数は土盛工事のおおまかな回数に相当するのであり、それぞれの土層の平面的な広がりは正確に見極めることはできないものの、土盛

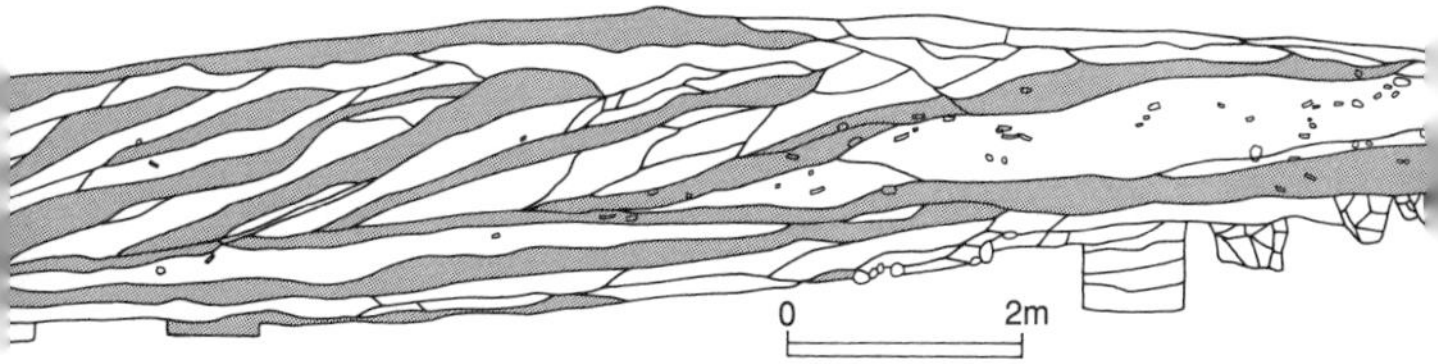

図24　寺野東遺跡環状土盛の土層断面（栃木県小山市寺野東遺跡『寺野東遺跡』掲載図を改変）

り工事量のある単位面積および土量を示す。土盛り全体の容量には、そうした工事単位が数え切れないほど多く含まれているのである。だから中にはところどころに焼土や灰がパッチ状に挟まっていたりもする。

各層には土器片が大量に包含されているが、土盛りの下底部では縄文後期初頭の堀之内I式、その上位となるに従って堀之内II式から後期中葉の加曽利BI、II、III式、さらに後葉（半）の曽《そ》谷《や》式、安行《あんぎょう》II式を経て、晩期の安行IIIa、IIIb式へと順次下位層から上位層へと八段階以上もの土器型式が新しくなってゆく様子をみてとることができる。つまり一型式がほぼ一〇〇年とすれば、土工事が開始されてから一〇〇〇年にもわたる長期間継続していたことがわかる。

三内丸山遺跡の土盛においても、最下位層の縄文前期前半の円筒下層a式からb式、c式を経て前期末のd式、そして中期初頭の円筒上層a式からb式、c式、さらに中期中頃の最花《さいばな》式、後半の榎林《えのきばやし》式へと約一五段階もの連続的な土器型式を辿る。つまり、ざっと一五〇〇年間もの驚くほど長期の継続工事であったことを物語っているのだ。

このように土盛工事が一〇年単位ではなく、一〇〇年単位をもって数えるほどの長期にわたる事実に改めて注意しなくてはならない。

そもそも記念物が、大規模で目立つものであるという性質からして、短期間で仕上げることなぞ到底出来る相談ではないのである。それにしても敢えて、幾世代(二〇〜五〇世代)もかけて継続する理由が厳然としてあったという事実は無視できない重大事である。つまり、まず第一に、工事は従事する人数が十分ではなかったとか、第二には気が向いたときにその都度思い出したように工事にとりかかり、しかも長続きせずに中止することを繰り返した気紛れとか、第三に、完成させるまでの期日についての明確な目標設定があいまいで、計画性が希薄であったというようないい加減な理由が故に、結果として図らずも長期間がかかってしまった、というわけではなかろう。

つまり、そうした工事する側の事情あるいは姿勢というよりは、むしろ記念物自体の性質に、造営には莫大な年月を要するというメカニズムが内包されていたのである。だから縄文人は、造営工事が長期になること、あるいはもしかしたら終わるあてのないということすら覚悟の上で計画し、着手し、継続してきたのではなかろうか。

とにかく、大湯《おおゆ》環状列石を例にとれば、万座《まんざ》、野《の》中堂《なかどう》の二つはもとより、その周囲に点在する配石遺構に用いられている石材は七千三百余個に及ぶ。その多くは独力では持ち上げることができない大きさ、重さであり、さらに三人がかりでも動かせないほどのものさえ少なくないのだ。それらをすべて遠方七キロメートルも離れた安久谷川《あくやがわ》上流から運びこんでいるのであるから、並大抵の決意ではない。しかも扱いに適当な大きさのものでよしとするのではなく、はたまた遠距離も厭わず、これと決めた種類の石とその供給地にこだわる彼らなりの頑固な理屈で動いていたのだ。

理屈の具体的な内容は容易には知ることが出来ない。とにかく現実に五〇〇年以上、一世代約三〇年と見積れば、寺野東で二二世代、三内丸山で五〇世代にわたるほどの長期工事であったことを物語っている。その間意味が維持され続けていたとなれば、むしろ長期間の造営工事そのものに重大な意味を認めなくてはならない。

4　未完成を目指す縄文哲学

記念物の造営が二〇世代あるいはそれ以上にわたって継続しているということは、とりも直さず、いつまで経っても工事が完了していなかったことにほかならない。それでも平気だったのは、記念物を完成させることに目的があったのではなく、未完成を続けるところにこそ意味があったとみなくてはならぬ。むしろ完成を回避して、未完成を先送りし続けることに縄文哲学の真意があったのである。未完成とは完成をあくまで追い求めることにほかならないのだ。

土盛遺構の代表、栃木県寺野東遺跡の円形の土手を歩くと、低くなったり、高くなったり、平坦でなく、でこぼこしている。外見上同様な北海道千歳市のキウスの周堤墓では環状の土手の上面がほぼ水平に整然と仕上げられているのと対照をなす。寺野東の直径一六五メートルに比して最大七五メートルと小振りだから、難なく容易に完成させることができたからなのであろうか。たしかに、もし完成を目指す強い意志があれば、その目的を適えるべく、直径を小さく押さえたり、高さを控えめにすれば良かったはずだ。しかし、その選択を採らなかったのは、その直径と高さを確保しながらも整然と仕上げた完成の形態ではなく、やはり土盛りする為にこそ第一義的な目的があったものと考えざるを得ない。つまり、周堤墓が墓としての完成された形態を必要としたのに対して、記念物としての環状土盛は完成はもとより、未完成ということすら埒外において、ただひたすら造営を継続する行為が重要だったのである。

記念物の本領はまさに未完成にこそあるのだ。それ故に、この未完成というのは完成を待たずに中断した結果の、見た目に映るままの中途半端な状態を示すのではなく、むしろ幾世代にもわたる工事期間中において刻々と変化し続けてきた形態の静止状態を示すだけなのである。完成の途中経過でもないばかりか、未完成のいちいちは、それぞれが完成した未完成なのである。完成をただ目標とするまでの未だ到達していない未完成というのではなく、年々歳々工事が継続する限り、刻々と変化する形態そのものが厳然たる完成であり、その完成は、次の完成までの未完成である。その静止状態は、もはや不動の存在としてあることにおいて、安定するのであり、一連の工事の究極の姿としてひとまず完結することとなる。その時点でカタチが外見上において未整然であっても、決して意味なしとはしないのである。意味は工事終了時のカタチの存在について回り、工事以前および工事中にカタチを有していた意味は毫《すこし》も損なわれはしないのである。

5　記念物のカタチ

縄文モデル村において、住居が環状に配置されることをはじめ、滋賀県杉沢《すぎさわ》遺跡の十一基の墓が円形に並んで一つのまとまりを形成すること、秋田県大湯ほかのストーンサークルの円、栃木県寺野東遺跡の環状土盛り、能登半島の真脇《まわき》遺跡を代表とする円形巨木柱列などの各種記念物＝モニュメントにおいて「円」形が共通して認められる。単なるカタチとしてではなく、縄文人の世界観の中核に位置付けられた「円」としての意義が重要である。

記念物は祭りの場でもあった。まつりには古今東西ほとんど例外なく、歌と踊りがつきものだ。踊りはしばしば輪をつくり、しばしば廻る。円に象徴される世界観の中の踊りの輪は、やはり右廻りか左廻りのどちらかにこだわっていたかもしれない。イザナギ、イザナミの二神が天の御柱を廻るのも、その後のさまざまな民俗行事の中で廻るのも、縄文以来の記憶につながる可能性がある。

❖14章 縄文人の右と左

1 縄の右撚《よ》り、左撚り

縄文土器は、看板通りに縄目文様を大いに用いる。縄目文様の表現は、撚《よ》り紐の工夫によってさまざまな効果をみせる。その変化の多様さは、世界各地の撚り紐の中で群を抜いており、まさに縄文土器の面目躍如たるものがある。その基本は右撚りと左撚りの二種であるが、縄文時代全般を通じて終始どちらか一方というのではなく、時期や地域ごとに偏向がみられる。つまり、土器様式ごとに撚りの方向が左右五分五分はおろか、やや多め程度にとどまらず、はっきりと一方に片寄る場合が普通である。しかし、前期前半の羽状縄文系土器様式においては、例外的にほぼ左右半々であり、回転施文した縄目文様を矢羽状にみせるために両者のバランスをとっている。また後期加曾利B式や晩期の亀ケ岡式土器様式などにも矢羽状縄文があり、左右の撚りを用意している。それにしても、概して右撚り採用の様式が優勢である。その中で中期勝坂《かつさか》式土器は左撚りへの執着が強く、注目される。

右撚りの採用が優勢であるのは右利きの手の運動と関係する可能性が高い。施文原体としての撚り紐はせいぜい長さ三センチメートルほどの短いものであり、従って指先で撚っていたのではないかと推測される。その場合、右手の拇指と人差し指を働かせて撚り上げようとすると、自然に右撚りとなるのである。また左右の掌《てのひら》を利用して太目の縄を撚り上げるときも同様に右撚りとなる。つまり右利きは右の掌を左の掌の上に重ねて撚りをかけながら前方に押しながら綯《な》い進む当然の帰結である。ちょうど右利きが、一直線を真横に引いて描くときに左から右へと動かすのにも通ずる、左利きの手になる縄はその逆の左撚りとなる。縄文土器に右撚りの多い事情もここにある。今日にいたるまで日常には右撚りが多く、アイヌ文化も右撚りが優位である。

そうした背景にもかかわらず、勝坂式土器様式が左撚りを専らとするのは極めて意識的といわざるを得ない。つまり撚りにくい左撚りを採用するのは、左右の異なる縄原体で矢羽状効果を目論むのとは別に、特別な考えあってのことだ。さらに通常の縄は二本を撚り合わせるのであるが、勝坂式は敢えてやはり撚りにくい三本を撚り合わせる三筋縄という、もうひとつのこだわりもみせる。縄文人は、土器の突起や文様モチーフの繰り返しなどに「三」の数にこだわっており、その聖数の観念が三筋縄にも現われているともみられる。

　これらによって、縄文人が少なくとも縄文文様の施文用原体の縄を作るに際しては撚り合わせにくい左撚りに特別な意味をもたせる場合のあったことを物語っている。もしかしたら、施文原体用の縄だけではなく、その他の場面においても、そうした縄の左右の撚り分けがあり、彼らなりの規則をもっていたかもしれない。民俗事例には左撚りに対する別格視あるいは特別な観念、きまりごとの見られることは注目される。それらのいくつかは縄文にルーツをもつのかもしれない。

　つまり、民間にあっては、左撚りの縄をことさらに左ナイ、左綯い、左縄と呼んで別格視あるいは特別扱いすることが、たしかにみられる。その典型が注連縄《しめなわ》であり、七・五・三と表記されたりもするのであるが、すべて左縄で決して例外を許さない事実は周知のとおりである。この注連縄が左縄を原則とする理由については、中国の陰陽道の影響、左右尊卑の思想、左上位の思想、あるいは浄不浄の界を分かつクズのカヅラが左に巻く象徴的な意味の反映などさまざまな説があるが、いずれも磐石の根拠をもつものではない。

　今村鞆《いまむらともえ》が注目する種子島の〈正月左巻きと称し、……柳の皮の幅三分ほどのリボン状のものを左巻にくる〳〵と巻付其儘焚火の煙にくすべて後で……戸口などに押し置く。此風俗は無論壓勝《ようしよう》（まじないをして人をおさえしずめること）的悪神の進入を防ぐべく考へられたるもの〉。これまた注連縄を左縄とする根本の理由となる説としては大いに参考となる。あるいは縄文時代に由来するもので、その理由が忘れられて形式だけが遵守《じゅんしゅ》されてきたのかもしれない。

注連縄以外にも、左縄と関係するものがある。今村は六つの事例を拾集している。(一)死人の湯灌をするとき、藁の左縄でタスキをかける。(二)死人に左縄で帯をする。(三)棺を左縄で縛る。(四)入棺のとき死人に左縄をかける。(五)神事の祓に左縄を使用する。(六)喪服の纓《えい》を左撚りとする。

朝鮮半島においても、左撚りに対応する「左索（ツアセキ）」のことばがあり、禁忌縄として用いられている。すなわち〈新藁の清浄なるを用い左綯いとす。綯い始めと終りの末端は内地のシメ縄と同じく是を切断せず〉〈二筋綯いを普通とすれど、稀に三筋綯ひもあり。内地のシメ縄の如く四筋綯い以上のもの無し。……三筋綯いはある地方においては、あるいは出産のものに、あるいは醤油甕に、あるいは巨樹を縛る〉（今村）、まさに日本の注連縄との関係を窺わせる。さらに、束に奇数七五三を用いたりするという、注連縄を七五三と表わす経歴の一端を垣間みる。

そして奇数、とりわけ三をはじめ五、七に対する強いこだわりは縄文にもよく見られ、興味深い。

2　縄文人の右目と左目

縄文人だけではなく、人手が関与するさまざまな造形は左右対称に仕上げられることが普通である。非対称の場合には、それ相応の理由があってのことである。仕上がりの形態には製作における右利き、左利きの運動の特徴が現われたりもする。もっとも、道具の中には右利きの使い勝手に合うように敢えて対象形を崩す場合がある。

対称形は見た目に安定感を与える。ゲシュタルト心理学における〝プレグナンツ＝よりよいかたち〟の法則の典型である。

こうして通常の縄文造形においても対称形を基本とするものであることが理解される。大部分の石器をはじめとする各種道具類や土器の形態も例外ではない。しかし、片手で使う石匙《いしさじ》（石小刀《いしこがたな》）などの刃は、むしろ利き手に応じて右、左に偏る場合が多い。また釣針や銛などは独特な形ではあるが対称軸をもつ。土器の表面を飾る文様モチーフにおいては、とくに正面性をもつ類は、対称形をとるものが主流である。一方、文様モチーフの中で、横方向に流れるモメントをもつ類は、むしろ対称形をとらない。

　縄文土器が口縁を水平とはせずに、突起をつけたり、波状にうねらせたりする顕著な特徴は、古今東西のヤキモノの中にあって、他に類をみない独特な個性を主張する。そうした突起や波状の頂部あるいは口縁部に顔面を表現するものがある。縄文前期に始まり、とくに中期の勝坂式土器様式に盛行し、後期にも細々と続き、晩期亀ケ岡式土器様式においても発達した。しかし、いずれの時期も東日本に偏っていて、西日本には出現しなかった。

　勝坂式土器につく顔には顔面把手（顔面付土器）の名がつけられている。渡辺誠の意欲的な研究がある。長野、山梨、東京、神奈川の勝坂式土器様式の分布圏に約三五〇点発見されており、先行様式あるいは同時代の他の様式あるいは後続様式にも少数ながら知られている。勝坂式のそれは深鉢の口縁部の一箇所を突出させ、まんまるの球状の顔面に眉と鼻と口と眼を左右対称に配置するのを原則とする。眼と口は箆《へら》で抉られる。この顔面把手の大部分は、土器本体が全形をほぼとどめている少数例とは別に、顔面把手部分だけが破片の状態で発見されるのが通例である。この事実を、手をこまねいて看過してはいけない。とにかくまるで顔面把手の部分を土器本体から丁寧に打ち欠いて剔出《てきしゅつ》したかのような状態を示すのだ。素焼きの縄文土器は脆弱で毀れるときはところかまわず罅《ひび》が入っては、細かくばらばらになってしまう。しかし、顔面把手部分だけが案配よく遺っているのは、偶然の破損にまかせるのではなく、縄文人が心をこめてきちんと土器本体から取りはずしている可能性が強い。顔面把手は単なる深鉢土器の口縁を飾る装置の一要素というのではなく、特別な思いのかけられたものであったのだ。

ところで、顔面把手の顔表現が左右対称形を原則とするのは間違いないのだが、よく観察すると、その決まりを守らない例が少数ある。しかも作りがぞんざいだというせいではなく、故意に対称性を否定する意図が見え見えなのである。その場合にはとくに眼の表現と配置に窺われる。二眼ともに同形同大で、配置も対称に、整然とバランスのとれた形にするのはなんの造作もなく出来るはずである。つまり〝よりよいかたち〟の法則は、強い意志を働かせなくても、労せずして安定する左右対称形をとり得るのである。しかるに、眼の形を違え、位置どりがちぐはぐであるということは、その心算があってこそはじめて実現できることとなのだ。

つまり顔面が対称性を崩すのは、眼においてである。東京都屋敷山《やしきやま》、二宮森腰遺跡（図25）の二例は、片眼が十字形に切り込まれ、異様な容貌となっている。時代は下るが、晩期の秋田県麻生《あそう》遺跡出土の土面においても、左眼だけが剝がされている。あるいは中期以来の伝統の現われかもしれない。少年時代のちゃんばらごっこに登場した、「姓は丹下、名は左膳」の声色が聞こえてくるかの思いがつのる。本当は整った顔立ちを原則としながら、これほどの破格はよほどの理由あってのことと憶測せざるを得ない。それは何か。

眼を転ずれば、〈我国の神々で眼を傷けたと云う伝承〉のあることについて中山太郎が注意を促している。〈埼玉県妻沼町の聖矢は、松の葉で左の目を傷けたのでそれから松を嫌い、今に同町では門松を立てぬ……栃木県安蘇郡の鞍掛明神は、足利中宮亮有綱が安見山で戦った折に、流矢が飛び来って目に中《あた》り、それが為めに落命した……鎌倉御霊社の祭神である権五郎景政も、また左の目を鳥海三郎に射られた……藤原藤太秀郷に射られた二上山の大百足も、左の目に矢を立てられた……徳島県富岡町にある大地に棲む鯉鮒は皆一眼である。昔この地に大蛇がいたのを月輪兵部と云う者が射て、大蛇の左の目から頭を半ば砕いて殺してしまった。それ以来他の魚が片目となった〉。

前述の顔面把手の眼の表現は、単に対称形を崩しているという程度を超えて、見た目には無残に傷つけられたむごたらしい様子を思わせる。何かしら各地の伝承と互いに相通ずるところがあるかのようである。換言すれば、伝承の中の眼を傷つけられたというモチーフの根っこは、縄文伝説に由来する部分があるのかもしれない。ともかくも、眼を潰された縄文の顔面把手の表現の背景には、それ相応の物語があった可能性を否定できないであろう。

ところで、中山が引き合いに出す伝承においては、〝左〟の目が問題とされているが、二例の縄文の顔面把手では左だけではなく、右目が痛めつけられた例もある。それ故、縄文の物語の中では右と左のどちらか一方に厳密に限定されるのではなく、眼を傷つけられた、あるいは傷つけられた理由はともかく、少なくとも片目というところに主たる意味があったとも想像される。

それにしても、そう一概には結論できない。顔面把手は、土器の口縁部の破片ではあるが、顔面部分が丁寧に土器本体から抜き取られるなどの特別な扱いを受けていたからである。つまり少なくとも顔面部分がきちんと保護されるべき意識が窺われるのだ。しかしせっかく丁寧に取りはずされた顔面把手にもかかわらず、顔面が打ち欠かれたり（三例）、何らかの工具で敲打を加えて表面を潰されたり（三例）しているのだ。他に眉、目、鼻、口の全てを打ち欠いた一例や左眼損傷の一例を除いて、他は右眼または右半分に偏っている。縄文人の物語あるいはそうした物語を生み出した世界において、右および右眼がモチーフの中で重要な意味をもっていた可能性を窺わせる。

さらに、左右の眼の表現が同等ではなく、故意にちぐはぐに表現する類が一四点認められる。それらの多くは、右眼の方が左に較べて僅かながら

図25　片目つぶし顔面（東京都あきる野市二宮森腰遺跡　二宮考古館所蔵　渡辺誠撮影）

も上方に位置したり、右眼が鋭角につり上がったり、ほとんど垂直に近いものがあり、左眼の鈍角や水平横位の表現と対照をなす。ただし、神奈川県青ヶ台貝塚例は、左眼が垂直に立ち、一方の右眼は丸い線描きのままで、貫通していない。他にも眼の表現の変わり種が稀ではあるがないわけではない。

いずれにしても、左右の眼が断然はっきりと対立的に表現されていることが注目される。しかも、右眼の方が一様に鋭くつり上がって、横位あるいは水平の左眼と較べると、単なる右、左の区別だけにとどまらず、右や左の性格や意味にも明瞭な違いを意識し、両者は決して混同されることのないそれぞれの個性を有していたものと想像される。つまり縄文世界では、右眼と左眼は、別々の役回りを演じていた可能性が高いのである。

3 土偶に表われた右、左

土偶は、縄文人の「第二の道具」の筆頭格である。「第一の道具」は狩猟漁労採集などの労働用具、食料の調理用具、そして道具を作る工具など日常生活と直接関係して手で使うものである。対する「第二の道具」とは、手で扱うだけでは収まらず、頭の中で操作するものである。いわば、「第一の道具」が手の延長線上にのる具体的技術であるのに対し、「第二の道具」は観念技術にかかわる。土偶は「第二の道具」の代表格であり、縄文人が聖霊のイメージを実体化した立体的な人形《ひとがた》である。

　草創期に出現し、早期から前期を経て、中期に大いに発達し、後期、晩期へと継承される。時期や地方によってカタチにさまざまな変化がみられるが、終始一貫して左右対称形を原則とする。しかし、腹部や顔面に篦で描かれたモチーフには非対称をとる場合がごく少数ある。

　土偶造形の基本から逸脱して、左右対称の形態の本流とは明瞭に区別される形式がある。その一は、中期勝坂式土器様式圏に出現した〝壺抱き土偶〟である（図26）。長野県目切《めきり》遺跡および山梨県釈迦堂《しゃかどう》遺跡など数例ある。片手で壺を小脇に抱え、空いたもう一方の手を腰に当てる。壺を抱く手は左が多いのである。

図26　左手に壺を持つ土偶
（長野県岡谷市目切遺跡
岡谷市教育委員会所蔵）

　その二は、後期の東北地方に登場した〝腕組み坐像土偶〟である。足を表現しない板状土偶は別として、通常は足をもつ場

図27　腕組土偶（左：福島県福島市上岡遺跡　福島市資料展示室所蔵　右：青森県田子町野面平《のもだいら》遺跡　弘前大学所蔵）

合は膝を曲げることなく、「気をつけ」の姿勢で立像に仕立てられる。したがって足を膝で折り曲げた坐像は、その姿勢自体が極めて特殊な存在であることを示す。青森県から福島県下に広がっているが、そのポーズに厳然たる規格性があり、乱れをみせない。つまり、右手を胸の下で横切らせて、左脇腹で、折り曲げた左手首の関節部位にのせる（図27）。右手と左手が逆位置をとる例は一切ないところに、姿勢とともに右手、左手もそれぞれが決まった組み手をすべき規則があったことを窺わせる。

土偶自体が、そもそも観念的な次元に属するものであり、それが腕組み坐像の姿勢をとるのは、その姿勢に特別な呪的、儀礼的な意味があったからであろう。あるいは、儀礼、儀式の一場面においてとられた聖なる姿勢なのかもしれない。〃壺抱き土偶〃もまた、壺を抱えて歩き回る日常生活の動作の単なる一コマを写したものではなく、やはり観念技術の重要な意義を含むものであった可能性がある。左手に壺が抱えられた点にも特別な意味があり、一方の右手も腰に当てることで意義を帯びることになるのかもしれない。少なくとも、左右それぞれに個別の観念・役割が存在した可能性がある。

4　縄文世界の右、左

ヒトの身体は左右対称の形態をとる。ただし、心臓は左に片寄り、右肺が左肺よりも大きく、さらにこれらと連動するかのように身体の運動に際して、利き手としては右に圧倒的に偏っている。また、脳の中では右脳、左脳それぞれが役割を分担する。

さらに、人間は民族あるいは文化のそれぞれにおいて右、左を同等に扱うだけでなく、さまざまな場面で厳然と区別して右、左を意味づけている。日本文化の中でも、右、左は特別な意味をもち、俗信や民間伝承や民俗行事や公私の儀礼の形式などにきちんと組み込まれている。それらの概要は、礫川全次《こいしかわぜんじ》『左右の民俗学』の解説でよく整理されている。わが国における、左前と「逆さごと」、世間での右尊左卑、神事における左尊右卑などについて触れている。左、右いずれかを尊んだり、右手優位あるいは右手＝浄、左手＝不浄の意味付けについては、フランスのR・エルツにも習うところがある。とくに松永和人《まつながかずと》（『左手のシンボリズム』）によると、「左」の習俗が神祭りにかかわり、そして葬制にかかわり、「聖（呪術・宗教的生活活動）」―「俗（世俗的生活活動）」／「左」―「右」の二項対置が、わが国の文化における基礎的な事実として知られる。そのような中に、従来の象徴的二元論に見る「浄」「不浄」／「右」「左」が、わが国の文化の一面にみられる、という指摘は重要である。

そうした、左、右にかかわる観念、観念技術のいくつかは縄文文化とも共通するものであったり、あるいはその原点が縄文時代にまで遡る可能性を否定できない。とにかく、縄文人は顔面把手や土偶や手形・足形土版にみるごとく、さらにその他さまざまな場面で、左、右を厳然と区別する観念をはっきりと有していたことは疑いのないところである。なお、その区別に際して、左＝ヒダリ、右＝ミギにそれぞれ対応する「ことば」と概念を保有し、必要な場面で使い分けていたはずである。ことばとは、それぞれ対応する概念をきちんと持つものであった。

つまり、土偶が壺を左手で小脇に抱えたり、座って右と左の手を組むのも、いずれも単なる日常のしぐさの写しではなく、右＝みぎ手・腰、左＝ひだり手・壺、そして右と左の腕を組むというカタチの古事来歴をことばで説明し、規則として固定化を強めたのである。

ことばによって初めて一過性に端を発した身振りしぐさを形式化し、観念化へと止揚したのだ。

5 アイヌ文化の右、左

アイヌ文化には後述のごとき八雲《やくも》アイヌ例のほかに、やはり右、左の観念にかかわる問題が存在する。熊送りの儀式過程で、ウンメムケ（橈骨の飾りつけ化粧）を行う際に、オスなら頭骨の左側に孔を穿って脳髄を取り出し、メスなら右側から出すというきまりが各地のアイヌ集団に共通して存したことが知られている（豊原）。その具体的な物証は、アイヌの「送り場」の発掘事例にも残されている。すなわち羅臼《らうす》町オタフク岩洞窟や千歳市美笛《びふえ》岩陰《いわかげ》や恵庭《えにわ》市 漁川《いざりがわ》上流の三つの岩陰群（本流の岩屋、三股の岩屋、金山沢の岩屋）のヒグマの頭骨に観察されている。

このようにアイヌ文化では、いわゆるクマ祭、それは高次元の精神にかかわる場面で、左と熊のオス、右と熊のメスがそれぞれ対立的観念とされていたことがよくわかる。しかも、右、左の観念がヒグマだけにかかわるのではなく、広範囲な普遍性を有するものであったことを示唆している。さらに、こうしたアイヌの人々にみられる習俗、観念も、北海道における基層文化としての縄文にまで遡る可能性を予測することは、アイヌ文化のみでなく、縄文文化にとって、ひいては日本列島文化にとって極めて重要なことと言うべきである。

6 右廻り、左廻り

横並びの二つを右と左に区別する習俗、観念のほか、回る方向を問題にする場面がある。桂井和雄《かつらいかずお》が日常的な身の回りから、いくつかの事例を拾いあげている。出棺に際して棺をかついで三回まわったりするときに右から左へと「左廻り」（トモラヒマハリ）する例が多い。子供の遊びで円陣を組んで順番を決める時にはその逆廻りを「泥棒廻り」と呼んで避ける。そして正当な左回りに「オエピスマワリ」の名があるのは、もしや古事記神話とのつながりあるやを窺わせる。

イザナギの命《みこと》とイザナミの命が、天の御柱を行き廻りあう重大なる場面において、「汝は右より廻り逢へ、我は左より廻り逢はむ」と声をかける。この神代の御時世の、いかにも重要な場面にあって、右、左の問題が大いにかかわって、ことの成就を文字通り、左右するというのは、いかなる思惑というべきか。つまりこの左右問題が物語の粉飾のためではなく、まさにモチーフの中核的な要素になっているのは、右や左あるいは「左廻り」の観念が当時はしっかりと行き渡っていたからにほかならない。日本文化や民間に数多くみられる左右にかかわる観念や習俗のあれこれがこの神話に発するのではなく、むしろそれ以前の縄文に遡る根強い伝統の流れを汲むものとみられるのである。

なお、八雲アイヌの人々の間には、埋葬が済んで帰るときには、左廻りとすることについて、児玉作左《さくざ》衛《え》門《もん》が紹介している。

❖15章

縄文人、山を仰ぎ、山に登る

1　大雪山頂の遺跡

津軽海峡を昭和三三年夏に初めて渡った。夜行列車を宿代わりにして一〇日間程、北海道内の遺跡や遺物を見て回った。旭川市立博物館では、収蔵品を勝手に引っ張り出して観察することを許され、その中に小さなみかん箱にぎっしり詰まった黒曜石があった。小さな石屑ばかりで、石器も土器もなく、当時調べていた東大人類学教室所蔵の長野県諏訪湖底曾根の黒曜石群と似ているのではないか。とすれば無土器文化から縄文文化への過渡期にかかわる可能性さえ秘めているかもしれない。しかもそれがなんと高さ二〇〇〇メートルを超える大雪山で発見され、アイヌ語名でヌタクカムシュペ＝神の山という意味を知って、大いに興味をそそられた。

じつは大雪山頂から石器が出土することについてはすでに大正年間に河野《こうの》常吉《つねきち》、小泉《こいずみ》秀雄《ひでお》らによって学界に報告されており、予習を怠った自分を恥じ入るばかりという始末であった。それにしても、問題は二〇〇〇メートルを超える高山の遺跡という異常な事実である。しかも、その発見の記録は「安政五、六年頃松前藩勘行奉行伊達智信」にまで遡る。

高い山は、我々現代人の常識からすれば日常的な生活舞台としては不適切極まりない。それ故に、そうした高山地帯に立地する遺跡の理由の解明に大勢の注意を集めた。昭和一一から一三年にかけて、長野県の中部考古学会は、遺跡の標高を競って報告している。その後も引き続き関心が注がれてきている。

杉原重文《すぎはらしげぶみ》は、大雪山の白雲岳《はくうんだけ》遺跡を中心とする遺跡群には藁科《わらしな》哲男による石材原産地推定結果に基づいて〈黒曜石を交易するための山岳ルート〉の可能性が高いと考える。福田友之は〈高地性遺跡群は、食物の煮炊きという重要な用途をもつ土器がなく、狩猟、解体などの道具である石器のみであるため、滞在期間はきわめて限られたものであり、……野営地であった〉、また〈狩猟活動のほかに黒曜石の採集・運搬に関連〉していたと考える。岡本孝之は高所の遺跡のあり様の類型化を試み、石器だけを出土する遺跡に狩猟の痕跡、土器と石器と合わせもつ遺跡は狩猟活動の野営地、尾根上の遺跡は交通跡、山頂の遺跡は広く平野を見下ろす眺望を目的とするものなどと考えている。原田昌幸《まさゆき》は〈彼らが望む高山の頂までをその狩猟活動の範囲に入れていた〉のではあるが、遺物量が限られていることから〈恒常的に高山の山頂まで分け入ったと考えることは難しい〉と考える。一方、山岳信仰について考慮しながらも、祭祀性を窺うことは難しいと結論した。

ところで、高い標高に所在する遺跡に最初に注目した河野常吉の長男、河野広道《ひろみち》は、山頂に石器を遺した理由について〈一、狩猟目的。二、ある地方より他の地方に赴く際に(交易、移住又は遠征の目的をもって)一時足を留めた所。三、戦負者が一時逃れた所。四、一部の人々が集落を追放されて一時逃れた所。五、伝染病が集落に流行した時健康者が感染を恐れて一時逃避した所。六、宗教的基地の儀式挙行の為に特に山頂を選んだ。七、高山帯の薬草採取の目的にて登山。〉などの背景を列挙している。多様な可能性に対する眼配りは模範的に近いものがある。

だからといって単なる可能性の羅列に終わっては何も始まらない。縄文人が何故に、それほどの高地に登ったのか、その目的、動機の追求をないがしろにしてはならない。河野広道としては、七つの可能性のなかで(一)と(二)を最も有力視する。岡本にはじまる福田、原田、杉原にも共通してみられる見解である。たしかに、そうした目的、動機によるる遺跡もあるのであろう。けれども、とくに山頂や山頂近く、あるいは急斜面は、一時的な野営地としても、交通路としても、適切な条件からはずれていて、いかにも不都合な立地である。しかし紛れもなく厳然として遺跡の存在する事実に改めて注意する必要がある。つまりそれらは、どうも縄文人の日常的な行動とは直接結びつく接点のないところが、いかにも怪しく見えてくる。つまり、河野が六番目に挙げた〈宗教的基地儀式〉とのかかわりこそが大いに注意されなければならない。福田が気にかけて、結局は本論で消去した、〈山に対する信仰〉の問題が浮上してくる。原田もまた、一旦は視野に入れながらも、深追いせずに否定に回った縄文人の信仰にかかわる問題である。

2　縄文人、山を仰ぎみる

この問題の正体は、単純に遺跡の標高の高さにあるのではない。あるいは高さということであれば、たとえばよくも蓼科山の頂上まで登ったものだ、〈私たちにはまったく想像すらできなかった事実で、その石鏃を、この高いところまで持ってきた……彼らの冒険と努力とにたいし、驚歎と尊敬〉（藤森栄一『かもしかみち』）の念を思い抱いて済む話ではない。つまり遺跡がより高い標高に所在する場合も含めて、たとえ高さの点で他に比べて負けをとろうとも、遺跡がその山＝ヤマに残されたという事実がそれぞれに重要なのである。

その眼で眺めると、それらの山は左右対称の美しい円錐形を呈する。いわゆる神奈備《かんなび》型、三輪山《みわやま》型の姿であったり、逆に険しく尖ったり、とにかく周囲の山並みの中で抜きん出て目立つ存在を誇示しているところにこそ意味があるのではないか。

縄文人は、そうした際立った山に対して、縄文時代草創期から早期、前期、中期、後期を経て晩期に至るまで終始一貫、強い関心を寄せていたのだ。その徴候はまずは縄文時代草創期に遡り、静岡県窪A遺跡は富士山を真正面に見据えた場所に陣取っており、少なくとも意識しようがしまいが、朝な夕なに黙っていても目に飛び込んできたはずで、いつの間にやら風景の中心に富士山を置いていたものと考えられる。つぎの早期では長野県山の神遺跡に構築された長方形の石列が神奈備型の餓鬼岳を指しており、縄文人の強い意志が窺われる。富山県極楽寺は早期末から前期初頭の玦状耳飾の製作遺跡であるが、冬至に極楽寺山の頂上からの日の出を望むことができる事実を藤田富士夫が確認し、みごとな写真に収めている。

前期になると、山を意識していた事例はさらに増える。長野県阿久《あきゅう》遺跡で倒れて発見された大石を立て直すと、四つずつ向き合った石柱の間から蓼科山の雄姿が望見できる設計になっている。また、群馬県中野谷松原《なかのやまつばら》遺跡の長楕円形の墓穴は死者の頭を浅間山に向け、細長い石を立てている。

中期では、山への思いの丈はさらに大仰に表現されている。山梨県牛石《うしいし》遺跡では大規模なストーンサークルを構築し、そこに立つとちょうど真西に三ッ峠山が大きく立ちはだかる恰好でそびえている。しかも、春分、秋分の日、その頂上の稜線が輝き、放射状に光が走る、いわゆるリムフラッシュ現象の神秘的な情景が現われるのである（図28）。いかにも山との密接な関係を物語って、あますところがない。それだけではない、今福利恵《いまふくりけい》の実地検分によれば、ストーンサークルの営まれているこの地点からのみ富士山山頂を望むことができるのであるが、〈わずかに移動しただけでも富士山は手前の山に隠れて見えなくなってしまう微妙な位置〉にあるのだ。

この時期においては、他にも富士山の雄姿を望む場所に記念物としての列状の配石遺構やストーンサークルを設ける例がある。静岡県下の千居《せんご》遺跡などである。さらに、東京西部の八王子市域の大遺跡が、冬至に富士山頂に日が沈んでゆく光景を見ることの出来る位置に点々と並んでくる事実を和田哲《さとし》が確認している。日本人の富士山好きは、昨日今日に始まったことではなく、はるか縄文時代の大昔に

図28　三ツ峠山の春分の日の入り（堀越知道撮影）

遡るのである。

後期から晩期になっても、山へのこだわりは続く。しかも後・晩期の時期区分を超えて長期間連続して特定の山との関係を維持している例がみられる。一六五メートルの環状の土盛遺構をもつ栃木県寺野東遺跡の南西方向の山並みのシルエットに筑波山の頭が飛び出て見えるのであり、その山頂から冬至に日が昇る。また群馬県天神原《てんじんばら》遺跡の環状配石遺構の西縁に三本の細長い大石が立ち、それぞれが遠くの妙義山の三つの峰に対応するカタチをとる。北海道鷲ノ木《わしのき》5遺跡のストーンサークルからも駒ヶ岳、青森県大師森《たいしもり》遺跡のストーンサークルからは大師山がそれぞれ望見出来る。秋田県大湯遺跡のストーンサークルからは、冬至の日出方向に黒又山（クロマンタ）を見る。そして同じく、青森県大森勝山《おおもりかつやま》遺跡のストーンサークルから秀峰岩木山を望むことが出来る。いずれの山も例外なく、左右均整のとれた裾広がりの神奈備型である。

こうした事例を見渡すと、竪穴住居が多数遺された大遺跡や、大勢で膨大な日数をかけて築き上げた記念物を保有する特別な遺跡などの周囲あるいは遠くには、決まって目を魅く山の姿のあることがわかる。偶然の取り合わせなのではない。ムラの設営や記念物の設計に際しては特別な山に方位を合わせたり、二至二分の日の出や日の入りを眺望出来るような位置どりがなされたりしていたのだ。さらには前期の中野谷松原遺跡にみるごとく、墓に埋葬された死者の頭部に細長い立石を置いて、浅間を見通す場合もあった。そこには縄文人の明らかな意思が窺われる。縄文人をして仕向けた動機は、縄文文化の開幕とともに定住的なムラに蓄積された体験が形成する伝統である。縄文人の信心と言ってもいい。つまり、際立って自己を主張する山は、タダの山ではなく、縄文人の所業に干渉したり交信していたのである。

それらの山は、ムラの外に鎮座して、その位置によって、近景となり、中景となり、遠景となりして、独特の風景を創り上げる。一幅の山水画において、そこにある全てが描写されるのではなく、特別な意味を与え、選び抜かれたものだけが表現されるのに似て、縄文人もまた、その他多数を埒外に置き去りにして風景を創るのである。際立った山があれば、風景の中の重鎮とし、他をもって替えることの出来ない独自の風景に仕立ててゆく。したがってめざす山が見当たらないところでは、まずは山を探すことから始めて、ムラや記念物を営む場所を選定したりしたのである。好位置についたムラには、長期間住み続ける。住み続けることで生活環境が悪化すると、ムラを離れなくてはならない、しかし、回復したとみるや直ちに戻ってくる。この繰り返しが、ときには百単位、五百を超える膨大な竪穴住居の数を結果として遺したのである。

3　縄文人、山に登る

山は、高ければよいというのではない。姿カタチによってこそ存在を主張する。優美な末広がりの裾野の上に円錐形に立つ、いわゆる三輪山型＝神奈備山型はその典型である。高さを誇るというよりも、むしろ容姿が発散するオーラ、風格がヒトの眼を魅きつけ、ヒトの気を魅く。近くであろうと遠くであろうとそれ相応の見栄えがする。しかし、その頂上といえば平坦面がなく、あるいは岩肌まる出しで草木もまばらで、うそ寒い。とても住みついて生活するところとはならない。頂上には獲物もほとんどよりつかない。生きてゆく手がかりとて一切ない。文字通り浮世離れした、人気《ひとけ》のない天上界に近い場所なのである。

そんな頂上に縄文人はたしかに登っているのだ。どんな用があったというのか、まるで見当もつかない。しかし、頂上を極めるのは平坦を歩くのとは大違い、胸つき八丁では息切れする。それほどの思いをしてまで頂上に立ったのは、果たして岡本孝之《たかゆき》が想像するような眺望を楽しむためとは到底思われない。山頂にたてば結果として高所から下界を見渡し、それなりの感興に浸ることができたとしても、その目的のためにわざわざ汗水かいて登るというのは、あまりに現代風の考えに過ぎて、合点がいかぬ。登山の本場ヨーロッパでさえも、山登りを目的とするようになったのは、せいぜい一三世紀以降のことである(小泉武栄《たけえい》『登山の誕生』)。そこに山があるから登るという思いで頂上をめざすのは原始性を断ち切った新人間になってからの話である。

登山に際して、縄文人は手ぶらではなく、何かしらモノを携行したことがあったらしい。それが意識的にか偶然か、山頂部に残され、ようやく我々の知るところとなっているのだ。明らかに縄文ムラの風景に組み込まれていたと思われる山であっても、その山頂部から遺物の発見されていない例も勿論多い。それには(一)縄文人は、当時仰ぎ見るだけでその頂上への登山を実行しなかったか、(二)登山しながらもモノを残して来なかったか、(三)モノを残したのにもかかわらず、依然として現代の我々が発見していないか、これら三つの場合が想定される。とくに未発見の山においては、(一)か(二)のいずれかのはずであるが、それを検証するのは容易でない。頂上まで登る人もごく限られているし、たとえ登山者がいたとしても、つい見逃しがちとなってしまうのである。それ故、現在山頂で発見されていない山でも、実際は将来発見される可能性を否定するものではなく、モノの残されている山は潜在的に相当数あるはずであろう。

そうした視点から改めて山頂部からモノが発見されている例をみてみる。

縄文文化の北の果て、大雪山例は、発見当初注目されていた通り、北海道で最も高地の遺跡ではあるが、その中心の白雲岳はなだらかな相当広い緩斜面に立地しており、土器は未発見ながら、石鏃などの製品と多数の石器製作にかかわる石屑がある。ごく少数のメノウ製品以外は全て黒曜石で、七箇所以上の原産地を含んでいる。その量と内容は単なる交通路あるいは旅の途中に仮泊した程度を超えている。つまり冬を除く、いずれかの季節で活発に利用されたことを窺わせる。しかも周辺一帯からは早期の石刃鏃をはじめ、石鏃の形態からは縄文晩期及び続縄文時代の特徴がみられ、再三再四にわたって幾度となく活動の場となっていたことを物語る。従って、大雪山を仰ぎみていた縄文集団のいたことは、充分に想像されるものの、そうした純粋な信念につき動かされて登山したという痕跡を分離独立して遺物や遺構から窺い知る証拠はない。なお、北海道には大雪山以外に縄文人の風景の中で重要な意味を有していたと想定されるいくつもの山の候補はあるが、そこからのモノの発見は報告されていない。

青森県下においても、福田友之の熱心な探索にもかかわらず、これまで山頂からのいかなる発見物も知られていない。秀峰岩木山（一六二五メートル）を自らの風景に組み込んでいた集団は少なくないと思われるが、頂上を極めたという根拠は見つかっていない。もっとも発見を目的とする計画的な調査が実施されているわけではない。とにかく六〇〇メートル辺り以下の山麓一帯には多数の遺跡が岩木山を取り囲むように分布しており、この地で生まれ育った縄文人は死途につくまで津軽富士の雄姿を眼底に焼きつけていたに違いない。

岩手県下には極めて興味深い発見がある。八幡平から縄文晩期の石刀の完形品が発見されている。石刀は石棒・石剣とならんで日常的道具とは明瞭に区別される。縄文人の世界観に由来する「第二の道具」を代表する石製品である。これが残された山頂近くは、日常的行動圏の範疇を超えた性格を自ら備えている。また、石川県白山山頂の室堂附近から縄文晩期に所属する特殊な形態の独鈷石一点が発見されている。

その他、山頂からの縄文遺跡の出土例を原田昌幸が数えあげている。〈栃木県男体山八合目瀧尾《たきのお》神社近傍（標高二二五〇メートル）長野県八ヶ岳編笠山（標高二五一四メートル）からはいずれも石鏃が採集されている。……滋賀・岐阜両県を画する伊吹山（標高一三七七メートル）……滋賀県比叡山頂、兵庫県六甲山頂〉などである。

また、山梨県内の事例については、今福利恵や信藤裕仁《しんどうゆうじ》の研究がある。〈八ヶ岳南麓の高原地帯である大泉村の遺跡の分布をみると、標高九四〇メートル附近が限界で、一〇〇〇メートルを超える高所に集落遺跡は存在しないことがわかる。ところがさらなる高所から縄文時代のものがたびたび見つかることがある。すなわち、北巨摩方面から最も雄々しい姿をみせる甲斐駒ヶ岳（二九六七メートル）、三ッ峠山（一七八五メートル）、滝戸山《たきどやま》（一二二一メートル）、釈迦ヶ岳（一六四一メートル）などを問題にする。

また神奈川県大山《おおやま》頂上からは縄文土器の破片六〇点、注口土器《ちゅうこうどき》と二個体以上の深鉢が発見されている。発掘調査した赤星直忠《あかぼしなおただ》は、小出義治《こいでよしはる》とともども、縄文人の関与には否定的で、〈縄文土器片は山伏が塚を作るときに埋めた〉〈鎮めもの説〉をとっている。縄文人の所業と心をみくびってはいまいか。

こうした見解に異議を唱えるのが、西井龍儀の富山県鉢伏山《はちぶせやま》についての意見である。鉢伏山は標高がせいぜい五二〇メートルであるが、神奈備型で、その頂上付近から縄文土器一点が採集されている。これは、〈標高約五〇〇メートルの山頂部での居住がなされたとは考えにくい。付近でみられる縄文時代の遺物とは時代背景、社会環境が異なるといわざるをえない。……鉢伏山そのものが山麓の人々から崇められたとみたい。山頂部の古代遺跡はそうした人々の畏敬のこもった奉賽品〉ではないか、とみるのである。この意見こそ傾聴に値する。

ムラを取り囲む自然環境を単なる景観としてではなく、景観の中のいくつかの要素の存在を意識的に確認することによって自分の眼で創る風景とする。その風景の中に特別視した山を必ず取り込もうとして来たのが縄文人流儀であったのだ。

そうした山は、単なる風景を構成する点景ではなく、その霊力をもって縄文人の相手をするようになる。縄文人は仰ぎみることで、はるかに隔たる空間を飛び越えて情意を通ずるのだ。その積極性の典型的現われが、ストーンサークルや巨木柱列や石柱列や土盛遺構の位置取りを山の方位と関係づけて配置したことである。さらに、そうした山頂、山腹と二至二分の日における日の出、日の入りを重ね合わせる特別な装置を各地、各時期に創り上げたのである。

しかし、ムラと山頂との距離はいかに頭の中で観念的に越えて一体感に浸ることができたとしても、物理的距離は厳然として存在し、信念、信仰の縄文人魂だけでは到底埋めることはできない。手を伸ばしても届かない山頂を呼びこむことは不可能だ。この壁を打開するために、ときには縄文人は自ら山頂をめざす決意を新たにして、ついに実行に移したのだ。その時期がいつであったかは特定できないが、その発意は神奈川県大山山頂出土の注口土器の存在から、少なくとも縄文後期には始まっていることがわかる。

こうして、山を仰ぎみるだけでは手応えに不安が残る思いを解消するための具体的な一歩を踏み出した。そして直《じ》かに山頂に足跡をのこし、山の霊気と接触することで自らの意思を伝え、交感することができたのであった。

登山は平坦地を歩くのとはわけが違う。自らの身体を叱咤激励し、噴き出す汗を流れるにまかせ、疲れてしびれる足をかばいながら、じりじりと項上に這いのぼる気力を奮い立たせねばならぬ。まさにこの肉体的試練あってこそ、体内に気がみなぎり、初めて山の霊力との接触を確信できたのだ。これは後世の修験者の修行が、肉体への過酷なほどの自虐的な鍛錬とひきかえに、ようやく求める境地に達することが許されたことに通ずるのである。

こうした信仰は現代にまで、さまざまなカタチで継承されていることを知るであろう。その心は縄文時代に芽生え、一万年にわたって心のひだに刷りこまれたのだ。しかし、その心は縄文時代が幕を閉じたときとともに終わり、消え去ったわけではなく、弥生時代にも受け継がれていった。大湯ストーンサークルの東に位置する黒又山（クロマンタ）の項上からは、縄目模様のついた弥生土器が発見されている。兵庫県金馬山の山頂付近出土の銅戈《どうか》をはじめ弥生時代の青銅製祭器の山中出土例なども注目される。続く古墳時代には、とくに鏡や水晶製の勾玉や切小玉《きりこだま》などを出土する二荒山《ふたらさん》＝日光男体山、馬具や銅製鈴付杏葉などを出土する奈良県大峰山などがある。

古代の遺物出土例は、二荒山、大山、大峰山その他がある。これらは、その後の中世の山岳宗教関係の根拠地へと連続しており、いわば縄文時代以来の長い伝統として、山の霊力への観念が根強く生き続けていることを物語る。つまり、そうした山岳宗教にかかる開基縁起の時期よりも古い歴史を有する例が多いのである。まさに〈狩猟民の山岳信仰が、仏教縁起の中に取り入れられていることは否定できないし、遥か縄文時代以来の狩猟信仰の原点の残像〉(兼康保明《かねやすやすあき》)が尾を曳いているのである。

そして、縄文以来の霊山信仰は、仏教や神道などの宗教、哲学思想と結びついたりしながら、近世中期以降には観光的要素も加わって、カタチを変えては現代にまで日本の民俗宗教として展開してきているのである。この間の経緯については宮家準《みやけひとし》(『霊山と日本人』)が多角的な視点から論じている。

山に対する信仰は、朝鮮半島や中国、さらに世界中でさまざまな様子をみせている。例えばアメリカ合衆国ワイオミング州のビッグホーン・メデシン・ホイールは、二九七一メートルの山頂で特別に崇《あが》められている。アフリカ、オーストラリアにも知られている。一方、フランスの場合について、アラン・コルバンは、赤坂憲雄との対談において、〈日本のような精神的に内化した山のイメージといったものとは、まったく違う〉と明言する。

たしかに、山に対する日本人の心には、日本の伝統的文化の象徴性をみるのである。それらを全て視野に入れた比較検討によって、縄文とそれ以来の日本の山岳宗教の特殊性と普遍性を明らかにすることが期待できるであろう。

なお、倉石忠彦《くらいしただひこ》は、山の存在が生活に深くかかわりながら、生活文化の形成に大きく影響を与えてきていることに視座を据えて、山の名称・呼称を分析している。ヤマ（サン・山）・タケ（嶽・岳）以外にモリ（森・盛）・マル（丸）・トウ（塔）・タイ（平）・セン（山・仙）、さらにクラ（倉・鞍・蔵）・ミネ（峯・峰）などが地域的に特色ある分布を示すことを明らかにしている。また、ヤマ・タケの先後関係は依然として不明であるけれども、モリが古く、さらにマルが、それよりもトウが古いであろうと推測している。遡って、縄文人は山をどう呼んでいたのであろうか。

4　山の神から田の神へ

縄文人が仰ぎ、ときには登ることもあった山は、眼に映る単なる景観の一部ではなく、縄文人によって発見された精霊の宿る特別な山であった。この想いは縄文時代の終幕とともに忘却の彼方に押しやられたのではなく、縄文人の心から弥生人の心にも継承された。

民間信仰にみられる田の神は、春のはじめに山から降りてきて、田畑や周辺を守ると信じられている。ネリー・ナウマン（『山の神』）の優れた研究がある。山の神は田の神であり、季節によって名称とともに性格が交替すると解釈する。現象としてはそうかもしれないが、もともと縄文人が永らく意識の中に組みこんでいた精霊の宿る山、神のおわします山から新たに開始された農耕の庇護、育成のために勧請されたものとみられる。山の神と田の神の二神があって、単純な交替と解するのでは先後の関係があいまいになる。縄文時代以来の山の神が弥生時代以降農耕とともに二義的に田の神に分派したとみるべきと考える。本地垂迹《ほんちすいじゃく》の関係と相似するのである。つまり、山の神が本地とすれば、田の神は垂迹に当たる、というわけである。

5 アイヌの人々と山

アイヌの人々の文化・習俗のいくつかは縄文文化に強く根ざしていることは確かなことである。それかあらぬか骨格の形質的特徴は、縄文人および現代人とのいずれとも密接とは言えないまでも、つかず離れずの関係を維持してきている。この間の事情は、それぞれの文化の辿ってきた歴史の足どりがよく物語っている。

あのとき、日本列島に到来したコメ作りを本州ではいち早くとり入れて、新しい地平を開拓し、一途に現代日本への道をひた走る道を選択したのである。それに対して北海道の集団は、冷涼な気候がコメ作りを容易には許そうとはしなかったことを受けて、縄文文化の枠組みと内容をそのまま踏襲して続縄文文化から擦文《さつもん》文化、さらに文化変容を遂げながら、アイヌ文化へと続いたのである。つまり、日本文化の心とアイヌ文化もともに縄文文化の土台の上に形成され、結果として異なる道を歩みつつ、それぞれの独自性、主体性を確立するに至ったのだ。

かくして、縄文文化とアイヌ文化と日本文化との三角関係においては、米作り文化とかかわりを持たなかったアイヌ文化は、米作り文化に裏打ちされた日本文化との距離よりも縄文文化とのそれの方がはるかに近い理屈が理解できる。この観点からすれば、アイヌの人々の山に対する観念にも、縄文文化以来の思いの丈を引き継いでいる可能性が大いにあるとみてよい。

とにかく、アイヌの人々の山に対する思い入れには並々ならぬものがある。山にかかわる名称だけでも、山頂、尾根、裾野、山腹、峠、枝山など区別して名付けしている。知里《ちり》真志保《ましほ》の研究があり、藤村久和《ふじむらひさかず》がその要領を紹介している。山もまた生物であるから人間と同様の心の動きをみせる。あるいは夫婦《めおと》山の争いごとは、大和三山の鞘《さや》当てを想起させる。そして、メトッソーの名は山に住まう神々の生活領域であり、ある独立山は明らかに信仰に結びついた霊山、霊場である。縄文人が山を仰ぎ、登山さえ試みていた事実とかかわって重要である。

結びにかえて

文化の中核にはコトバがある。日本的文化は大和コトバから象《かたち》づくられてきた。さらに遡れば、縄文時代の縄文語（縄文日本語、縄文日本列島語）に行き着くのである。

大野晋《すすむ》を代表とする一部の言語学者は、日本語につながる祖形は弥生時代に成立したのではないかと考えている。日本文化の遡源を弥生農耕文化に求める柳田國男と共通するものがある。弥生文化に先行する縄文文化については、その存在を視野に入れながらも、なかなかまともに扱おうとはしない。とるに足らない未開状態とでもみなしているがごとくである。

もとより、縄文語は残っていない。その中にあって、小泉保《こいずみたもつ》による縄文語の痕跡を探る研究は注目される（『縄文語の発見』）。日本列島に縄文語が行き渡っていたのは紛れもない事実である。

ところで、津軽海峡は、本州と北海道を隔てる難所であることは言うまでもない。今日でも海難事故がしばしばである。新鋭の漁船にしても安全というわけにはいかぬのだから、それに較べたら百分の一以下の性能ともみられる縄文人の丸木舟では大変なことである。それにもかかわらず、縄文時代を通じて、頻繁に往来し、いつも海峡を挟んで一つの文化圏を形成していた。

ところが、北海道の北端、宗谷岬から樺太の丘が見えるのに、縄文人も、樺太先住民も互いに一向に往き来していない。また、九州の縄文人は朝鮮海峡の朝鮮半島寄りに位置する対馬までは活動舞台としているのに、そのまま少し足を伸ばして彼地に渡るかというと、そうではない。このことが航海術の未熟のせいでないのは、津軽海峡の往来で実証されている。そればかりか、九州南端からは奄美、沖縄本島にまで、新潟県に産出するヒスイを携えた縄文人の航跡を辿ることができるのであるから、宗谷海峡と朝鮮半島を漕ぎ渡らなかった理由は航海術の問題ではなく、別にあったとみなくてはならない。

それこそがコトバの問題以外のなにものでもない。実は、樺太と朝鮮半島には渡った証拠として、縄文関連の文物がごく少数認められるが、お互いに気心を通じた仲間として一度たりとも同じ文化圏を形成することがなかった事実は大きな意味をもつ。それは、コトバが通じなかったから、それ以上の親密な関係を結ぶことができなかった事情によるのであろう。渡海の技術上の壁よりも、コトバの壁を容易に越えることができないのは、現代我々の体験上だけでなく、縄文人とて同じだったのだ。

つまり縄文文化は、ちょうど日本列島内に収まり、樺太、朝鮮半島には異なる文化が対峙していた様子を物語っている。まさに縄文列島あるいは縄文日本語列島の名に値する。コトバは文化であるから、彼我とはコトバが違い、文化が異なっていたのである。たとえばともに土器を製作し、使用していたが、縄文土器が独特な個性を発揮する口縁の突起や波状口縁は、彼の両地域にはその片鱗すらみることができない。このことは突起や波状口縁に対する縄文語コトバと、それにまつわる意味については、彼地には全くなかったことを物語る。カタチの有無は、そのカタチにまつわる名づけコトバと意味の有無であり、ときには世界観にまで関係する場合さえ想像されるのである。まさしくコトバによって支えられた文化の問題である。

縄文文化の研究が進むほどに、その充実ぶりは世界的にも注目されるようになってきた。つまり、狩猟漁撈採集の三本柱を基盤とする世界各地の文化では、抜きんでて他の追随を許さないのである。肩を並べるものを探し出すとすれば、北アメリカ北西海岸のバンクーバー一帯で、あのトーテムポールを立てた人々の文化だ。両者を較べると石器や骨角器の道具の種類やその発達ぶりは互いに甲乙つけ難く、文字通り伯仲する。しかし、あの豊かな木彫品や編籠などの繊維工芸品の分野では、さすがに縄文文化も及ばないかにみえていた。ところが近年の低湿地遺跡の発掘調査が進むにつれて、水漬け状態で運よく保存されてきた繊維工芸品や木製品などが続々と明らかになると、透かし彫りの柄杓子からさしわたし五〇センチメートルを超える台付大形木鉢など決して負けをとるものではないのだ。

とくに、縄文文化が誇る土器の製作、使用となると、トーテムポールに関係した集団の間には、ついぞみることはできない。ましてや漆工芸に至っては微塵の影すらない。改めて、縄文文化の水準と充実のほどがよくわかる（図29）。

図29　彩文漆塗り樹皮製容器（青森県八戸市是川中居遺跡　復元品　八戸市教育委員会所蔵）

縄文文化が農耕と無縁でいながら、まさか、それほどの実績をあげ得るとは到底信じられない。大方の見方はそうである。だから一部研究者は、縄文人がすでに農耕に従事していたという証拠を摑もうとやっきである。その努力の甲斐あってか、ついに岡山の高橋護《まもる》は、縄文晩期、後期からさらに中期の壁を突破して、瀬戸内の朝寝《あさね》鼻《ばな》貝塚で前期のイネのプラントオパール（イネ科の葉に含まれる珪酸体）を探り出して、大々的に発表した。

かたや福岡の山崎純男《やまさきすみお》は縄文土器の内外面や割れ

口を丹念に観察し、電子顕微鏡を駆使しながら、イネモミをはじめとする雑穀やコクゾウムシなどの圧痕を見つけ出している。

その真摯な取り組みは、敬服に値する。しかし、私には、また別の言い分がある。つまり、イネモミ痕やコクゾウムシが、よしんば正真正銘期待通りにそうであるとしても、それをもって直ちに農耕と断じてはならないという立場をとる。

農耕とは、ただなにかを栽培していたかどうかの事実の有無だけにかかわる問題ではない。そうした農耕的技術だけでなく、社会的経済的文化的な効果あるいはおよび農耕に関係する儀礼や世界観などの総合的なあり方が重要なのである。栽培ということであれば、縄文人も十分に心得ていた。クリ林の管理育成、ムラの周辺にはエゴマ、ヒョウタン、ソバからニワトコなどがまるで寄生するかのように群生していた光景が容易に目に浮かぶ。少年時代の田舎の家回りにも、フキノトウ、ミョウガ、シソ、ホウキ草などがいくら引っこ抜いても根絶やしできないほど我物顔にのさばっていたものである。けれどもこれを農耕と断じてはならない。

農耕ともなれば、その程度の状況とは画然と区別される。これはと決めた二、三のごく少数の栽培作物に手間をかけ、時間をかけて育て上げ、食うに困らないだけの収穫の確保を目的とするのが農耕である。そのためには片手間ではおろか、少しの手抜きも許されない。うっかり油断して、水遣りを怠れば、作物はたちまち萎れたり、枯れたりする。期待通りの収穫を望むには、明けても暮れても作物にかかりきりとなる。だから、ゆったりと時間の流れる縄文時代に比べて、かえってゆとりもなくあくせくすることになる。換言すれば、ごく少数の限定された作物に全面的に依存し、脇目もふらずに頼りきるのだ。首尾がよければ、望み通りに、努力によっては予想以上の増収をもたらしてくれもする。

かたや、縄文時代の狩猟漁撈採集は、文字通り山海の恵みを専ら享受する構えをとる。貝塚などに残された貝の種類三〇〇、魚類七〇、獣類六〇、鳥類三〇種ほどをそれぞれに超え、その他にカメやヘビや海獣を食料としていた。骨格や殻のない植物は残りにくいが、それでも約六〇種知られており、実際はその五倍の三〇〇以上と見積もっても大袈裟ではない。白井光太郎が『食用植物』で挙げているのは、キノコ類を除いて四五〇種に上る。地下の根茎、球根にはじまって、茎、葉、若芽、花、つぼみ、果肉、種子など多彩である。とにかく縄文人が食用とした動・植物のバラエティーは尋常ではない。この事実に感嘆してばかりいては駄目だ。ましてや、これを手当たり次第に口にしたなどと早とちりしては、縄文人の思いや精神をいつまでたっても理解できない。

とにかく、「縄文姿勢方針」は何よりも食料事情の安定にそのままつながる理想的な戦略であった。つまり、食料を極端に少ない特定種に偏ることなく、可能な限り分散して万遍なく利用することで、いつでも、どこでも、食べるものに事欠かない状態を維持できるのだ。まさに「縄文姿勢方針」の真骨頂がここにある。

このように好き嫌いの我儘を一切言わず、多種多様な利用を心がける「縄文姿勢方針」は、食料事情の盤石の安定を保障するにとどまらず、それがそのまま巧まずして自然との調和をいささかも乱すことなく、生態学的な調和をしっかりと維持する効果につながっているのだ。まさに、自然の秩序の中の一員として生きた縄文人の生き方の重要な意味がここにある。

一方の農耕はごく少数の栽培作物に集中するが故に、冷害旱魃などの異常気象で不作ともなると、それに代わるべき用意がないだけに、たちまち食料不足を招き、餓死者続出ともなる。その危険を避けるために、あくなき増収を目指して、耕作用の田畑を拡大し、一方的に自然の領域を侵し続ける方針を決して曲げることなく、貫き通してきたのだ。「自然の克服」という合言葉は、やがて地下資源に手を出し、大気をも汚染し、オゾン層すら破壊しながら依然として止むところがない。しかも、この期に及んでなおかつ真剣な反省がみられない。歴史を振り返ることもなく、未来を見据えた哲学すら生まれていない現状は深刻である。

閑話休題。それにしても「縄文姿勢方針」を貫くことは並大抵なことではない。まず第一は、食用に適さないものとの区別、場合によっては毒に当たって死さえも招きかねないものとの、正しい識別が必要とされる。あるいは、入手できる場所が種類によってまちまちであるから、ただがむしゃらに犬も歩けば棒に当たるというわけにはいかないのだ。季節的にも旬があり、はずしたら一年間食いっぱぐれと相成る。

オーストラリアのアボリジニにおいては、子供にとっての知識の基本は、それが食べられるものか、食べられないかを正確に区別することからはじまる。そのためには、それぞれを記憶しなければならない。間違って口にしたら、命取りにもなりかねない。しかし、その数が次第に増えるにつれて、やがて記憶し得る能力を超えてしまう。実は、ここにコトバが力を発揮するのだ。

つまり、コトバによる名づけによって、個々を区別し、食用と非食用の混同を避けるのである。それぞれにつけられた名前コトバによって、外見上の形状や大小や色具合はもとより、コトバでは言い尽くせない、可憐なとか雄々しいとか、モノの風情や雰囲気をも含んだ総体として、対象を特定するのである。こうして対象物は他と区別された固有の名前コトバによって主体性を確立し、初めて文化的要素の一つとしての存在を保障されることとなる。名前コトバがもつ最も基本的な機能である。

名前コトバによって他と峻別される主体性とは、独自の個性である。膨大な種類における他との異同、近似性などの関係を表わし、体系化を可能にする。

名前のもつ力は、単なる見た目に映る形態上の特徴だけではない。それらがもつ生態学上の性質や味や調理法など一切を含むのである。

例えば、ゼンマイとワラビは、ともに春先を代表する山菜であり、羊歯類の仲間として相似した姿をみせる。しかし、前者は日陰で湿気を好み、後者は対照的に日当たりのいい場所に育つ。あるいは、サケは秋の川を群れをなして必ず遡ってくるのであり、春、夏、冬には気配もない。ハタハタが晩秋の海岸に産卵のために寄りつく知識にも通ずる。名前とともに、生態学的な性質までもが、いちいち正確に理解され、知の体系に組みこまれてゆくのである。

また、実物が目の前になくとも、名前だけで的確にモノを特定し、シカと混同することなく、イノシシ狩の作戦をあれこれコトバで話し合うことができるのである。

あるいは、ノカンゾウの花の咲く頃合を見計らって、それをテイバナと称してタイ漁に向かう、佐渡の漁師につながってくる。また、ウニの中身がつく時期を「ユリの花とウニ」と言い慣わして見逃すことがないのだ。

こうして、利用し得るモノはもとより、利用できないモノについてさえ、個別の名前コトバだけでなく、関係する諸現象をも重ね合わせて、自然のしくみや、からくりについての理解を深め、知の体系へと止揚されたものとみられる。

縄文人こそは、縄文語に基づく史上稀有な博物学的知識の保持者であったのである。しかも、その知の体系たるや決して出来合いではなく、自然との共存共生の自らの実体験を通して構築されるものであって、何よりも自然と人間との不即不離の関係を象徴するのだ。たしかに現代においても同様な知的情報をもち、それをいとも容易にパソコンから抽き出すことができるようになっている。

しかし、パソコンの画面上に浮かぶ自然は、自然との共生を通して生み出された自然観とは似て非なるものである。このことがモノ言わぬ自然を一方的に蹂躙《じゅうりん》する暴挙を恥じぬ現代の悪の根源となっているのではなかろうか。

いま改めて、日本文化を遡り、自然と対話した、文字通り地に足のついた縄文日本語の知的世界に立ち戻る必要性を思うのである。

謝辞

本書の上梓にあたりいつもながら多くの方々の御教示、御支援を賜った。とりわけ、具体的に準備を進める間、つい間近に居合わせた不運にもめげず少なくとも不服顔を押し隠して毫も悟らせることなく、煩瑣なあれこれを処理してくれた谷口康浩、宮尾亨、中村大、岩崎厚志、深澤太郎、板橋ゆみ子、藪下詩乃の諸氏には感謝の言葉も見つからない。また、編集の福田恭子氏の御尽力があって初めて実現できたことを改めて肝に銘じ、決して忘れる心算はない。そして写真の提供や掲載などについて、快くお認めいただいた諸氏および関係諸機関に深甚なる感謝の意を表するものである。

阿部千春、今福利恵、鵜飼幸雄、大竹幸恵、太田原潤、小坂英文、小野正文、木島勉、小久保拓也、小林健二、佐藤雅一、菅沼亘、杉野森淳子、大工原豊、舘野孝、鶴巻秀樹、戸田哲也、中村耕作、保坂康夫、堀越知道、正木美香、三浦孝一、三宅敦気、森嶋秀一、山本克、渡辺誠

青森県埋蔵文化財調査センター、あきる野市教育委員会、安中市教育委員会、糸魚川市教育委員会、岡谷市教育委員会、財団法人東京都スポーツ文化事業団東京都埋蔵文化財センター、茅野市尖石縄文考古館、津南町教育委員会、十日町市博物館、栃木県立博物館、鷲子山上神社、那珂川町教育委員会、長和町教育委員会、長和町立黒耀石体験ミュージアム、二宮考古館、函館市教育委員会、八戸市教育委員会、弘前市立博物館、みなかみ町教育委員会、八雲町教育委員会、山梨県立考古博物館　（五十音順、敬称略）

ちくま新書
713

縄文《じょうもん》の思《し》考《こう》

二〇〇八年四月一〇日　第一刷発行
二〇二三年二月一五日　第六刷発行

著者　小林達雄（こばやし・たつお）

発行者　喜入冬子

発行所　株式会社 筑摩書房
東京都台東区蔵前二-五-三　郵便番号一一一-八七五五
電話番号〇三-五六八七-二六〇一（代表）

装幀者　間村俊一

印刷・製本　三松堂印刷 株式会社

ISBN978-4-480-06418-9 C0220

ちくま新書

200 レヴィナス入門 熊野純彦

フッサールとハイデガーに学びながらも、ユダヤの伝統を継承し独自の哲学を展開したレヴィナス。収容所体験から紡ぎだされた強靭で繊細な思考をたどる初の入門書。

238 メルロ=ポンティ入門 船木亨

フッサールとハイデガーの思想を引き継ぎながら〈身体〉を発見し、言語、歴史、芸術へとその〈意味〉の構造を掘り下げたメルロ=ポンティの思想の核心に迫る。

254 フロイト入門 妙木浩之

二〇世紀の思想と文化に大きな影響を与えつづけた精神分析の巨人フロイト。夢の分析による無意識世界への探究の軌跡をたどり、その思索と生涯を描く気鋭の一冊。

265 レヴィ=ストロース入門 小田亮

若きレヴィ=ストロースに哲学の道を放棄させ、ブラジル奥地へと駆り立てたものは何か。現代思想に影響を与えた豊かな思考の核心を読み解く構造人類学の冒険。

272 シュタイナー入門 小杉英了

「みずから考え、みずから生きる」ことへの意志を貫いた「理念の闘士」ルドルフ・シュタイナー。ナチス台頭下のドイツで彼が対峙した真の相手とは誰であったのか。

277 ハイデガー入門 細川亮一

二〇世紀最大の哲学書『存在と時間』の成立をめぐる謎とは？　難解といわれるハイデガーの思考の核心を読み解き、西洋哲学が問いつづけた「存在への問い」に迫る。

301 アリストテレス入門 山口義久

論理学の基礎を築き、総合的知のわく組をつくりあげた古代ギリシア哲学の巨人。その思考の方法と核心に迫り、知の探究の軌跡をたどるアリストテレス再発見！

ちくま新書

475 〈ぼく〉と世界をつなぐ哲学　中山元

〈ぼく〉とは何か。〈ぼく〉は世界の中でどのような位置を占めているのか。哲学史の中の様々な試みを手がかりに、この素朴で根源的な問いに答える異色の入門書。

482 哲学マップ　貫成人

難解かつ広大な「哲学」の世界に踏み込むにはどうしても地図が必要だ。各思想のエッセンスと思想間のつながりを押さえて古今東西の思索を鮮やかに一望する。

533 マルクス入門　今村仁司

社会主義国家が崩壊し、マルクス主義が後退した今、マルクスを読みなおす意義は何か？　既存のマルクス像からはじめて自由になり、新しい可能性を見出す入門書。

545 哲学思考トレーニング　伊勢田哲治

哲学って素人には役立たず？　否、そこは使える知のツールの宝庫。屁理屈や権威にだまされず、筋の通った思考を自分の頭で一段ずつ積み上げてゆく技法を完全伝授！

549 哲学者の誕生――ソクラテスをめぐる人々　納富信留

ソクラテスを「哲学者」として誕生させたのは、その刑死後、政治的な危機の中で交わされたソクラテスの記憶をめぐる論争だった。その再現が解き明かす哲学の起源！

564 よく生きる　岩田靖夫

「よく生きる」という理想は、時代や地域、民族、文化、そして宗教の違いを超えて、人々に迫る。東西の哲学や宗教をめぐり、考え、今日の課題に応答する。

577 世界をよくする現代思想入門　高田明典

その「目的」をおさえて読めば、「現代思想」ほど易しくて役に立つ思想はない。「構造主義」や「ポストモダニズム」の「やってること」がすっきりわかる一冊。

ちくま新書

589
デカルト入門
小林道夫
デカルトはなぜ近代哲学の父と呼ばれるのか？　行動人としての生涯と壮大な知の体系を認識論・形而上学から自然学・宇宙論におよぶ現代の視座から解き明かす。

598
生と権力の哲学
檜垣立哉
見えない権力、人々を殺すのではなく「生かす」権力が、現代世界を覆っている。フーコー、ドゥルーズ、ネグリらの思想を読み解きながら、抵抗の可能性を探る。

651
哲学がはじまるとき
——思考は何／どこに向かうのか
斎藤慶典
世界や人生に究極の根拠はあるのか？　それを果てしなく求めていくことはそもそも知性に可能なのか？　思考の限界でなおも思考し続ける哲学という営みへの案内書。

001
貨幣とは何だろうか
今村仁司
人間の根源的なあり方の条件から光をあてて考察する貨幣の社会哲学。世界の名作を「貨幣小説」と読むなど貨幣への新たな視線を獲得するための冒険的論考。

012
生命観を問いなおす
——エコロジーから脳死まで
森岡正博
エコロジー運動や脳死論を支える考え方に落とし穴はないだろうか？　欲望の充足を追求しつづける現代のシステムに鋭いメスを入れ、私たちの生命観を問いなおす。

016
新・建築入門
——思想と歴史
隈研吾
建築とは何か——古典主義、ゴシックからポストモダニズムに至る建築様式とその背景にある思想の流れを辿りその問いに答える、気鋭の建築家による入門書。

047
スポーツを考える
——身体・資本・ナショナリズム
多木浩二
近代スポーツはなぜ誕生したのか？　スペクタクルの秘密は何か？　どうして高度資本主義のモデルになったのか？　スポーツと現代社会の謎を解く異色の思想書。

ちくま新書

395
「こころ」の本質とは何か
——統合失調症・自閉症・不登校のふしぎ　シリーズ・人間学⑤
滝川一廣
統合失調症、自閉症、不登校——。これら三つの「こころ」の姿に光を当て、「個的」でありながら「共同的」でもある「こころ」の本質に迫る、精神医学の試み。

415
お姫様とジェンダー
——アニメで学ぶ男と女のジェンダー学入門
若桑みどり
白雪姫、シンデレラ、眠り姫などの昔話にはどのような意味が隠されているか。世界中で人気のディズニーのアニメを使って考えるジェンダー学入門の実験的講義。

432
「不自由」論
——「何でも自己決定」の限界
仲正昌樹
「人間は自由だ」という考えが暴走したとき、ナチズムやマイノリティ問題が生まれる——。逆説に満ちたこの問題を解きほぐし、21世紀のあるべき倫理を探究する。

469
公共哲学とは何か
山脇直司
滅私奉公の世に逆戻りすることなく私たちの社会に公共性を取り戻すことは可能か？　個人を活かしながら公共性を開花させる道筋を根源から問う知の実践への招待。

473
ナショナリズム
——名著でたどる日本思想入門
浅羽通明
小泉首相の靖国参拝や自衛隊のイラク派遣、北朝鮮の拉致問題などの問題が浮上している。十冊の名著を通して、日本ナショナリズムの系譜と今後の可能性を考える。

474
アナーキズム
——名著でたどる日本思想入門
浅羽通明
大杉栄、竹中労から松本零士、笠井潔まで十の名著をたどりながら、日本のアナーキズムの潮流を俯瞰する。常に若者を魅了したこの思想の現在的意味を考える。

479
思想なんかいらない生活
勢古浩爾
「思想」や「哲学」はカッコいい。だが、ふつうに暮らすふつうの人々に、それはどれだけ有用なものなのだろうか？　日本の知識人の壁を叩き壊す渾身の一冊。

ちくま新書

085 日本人はなぜ無宗教なのか　阿満利麿

日本人には神仏とともに生きた長い伝統がある。それなのになぜ現代人は無宗教を標榜し、特定宗派を怖れるのだろうか？　あらためて宗教の意味を問いなおす。

222 人はなぜ宗教を必要とするのか　阿満利麿

宗教なんてインチキだ、騙されるのは弱い人間だからだ——そんな誤解にひとつずつこたえ、「無宗教」から「信仰」へと踏みだす道すじを、わかりやすく語る。

329 教育改革の幻想　苅谷剛彦

新学習指導要領がめざす「ゆとり」や「子ども中心主義」は本当に子どもたちのためになるものなのか？　教育と日本社会のゆくえを見据えて緊急提言する。

359 学力低下論争　市川伸一

子どもの学力が低下している!?　この認識をめぐり激化した巨大論争を明快にときほぐし、あるべき改革への第一歩を提示する。「ゆとり」より「みのり」ある教育を！

399 教えることの復権　大村はま　苅谷剛彦　苅谷夏子

詰め込みかゆとり教育か。今再びこの国の教育が揺れている。教室と授業に賭けた一教師の息の長い仕事を通して、もう一度正面から「教えること」を考え直す。

522 考えあう技術——教育と社会を哲学する　苅谷剛彦　西研

「ゆとり教育」から「学びのすすめ」へ、文教方針が大転換した。この間、忘れられた、「学び」と「教え」の関係性について、教育社会学者と哲学者が大議論する。

543 義務教育を問いなおす　藤田英典

義務教育の改革が急ピッチで進められている。だが、その方途は正しいのか。義務教育制度の意義と問題点を見つめなおし、改革の道筋を照らす教育社会学の成果。